团队合作能力训练

本书编委会　编

中国书籍出版社
China Book Press

《高职学生职业核心能力教程》编委会

主　　任　何子安
副 主 任　冯新广
编　　委　牟善德　韩　振　邵长胜　李　波
　　　　　厉建刚　孙　刚　石勤玲　牟宗国
　　　　　张永春　王　珍
编写人员　刘贤军　乔　蕾　丁明军　袁凤英
　　　　　夏　晶　韩玉波　汪　海　程金芝
　　　　　吴郁芬　陈　龙　马子理　王秀红
　　　　　刘夏辉　董　敏　焦安村　李宗香
　　　　　苏　臻

本书编委会

主　　编　夏　晶　韩玉波　陈　龙
副 主 编　马子理　吕东波　焦安村　李宗香

序 言

　　高职院校的学生究竟具备什么样的能力才能更好地适应职场？这也许是众多即将进入职场或已初涉职场却屡受挫折的学生面临的共同困惑。

　　按照传统的观念，一个人在接受过一定年限的正规教育之后，应该初步具备了从业的基本能力。然而，事实却告诉我们，职场与校园的差别是如此之大，以致许多学业成绩优秀的求职者却苦苦得不到用人单位的录用，而很多幸运的职场新人虽然求职成功却无法适应工作的要求，并由此产生自卑、抱怨、厌倦等情绪，甚至有人不得不从来之不易的工作岗位上"落荒而逃"……

　　其实，这并不是职场新人的错，而是我们的教育存在着严重缺陷。多少年来，中国传统的重视成绩的成才观根植于社会的各个层面，包括每一个家庭和用人单位，这种观念直接影响着企业的用工机制和人才选拔制度。教育不得不屈服于来自社会的压力，迎合应试的社会需求，于是学业成绩成了衡量一个学生是否合格的唯一标准。在这种观念作用下的学校教育，忽略了人的综合素质培养，单纯以"识"取人，不同程度地背离了教育和人才成长的规律。

　　其实，考试并非一无是处，它也是一种能力的培养方式，可以使人获得一定的知识和专业能力，也会有助于培养出一些优秀人才。但对于整个社会的发展和进步而言，显然是很不够的。当今社会之所以对"应试教育"批判得多，是因为它过分地强调学生的考试成绩，而忽略了他们作为未来职业人赖以生存的某些关键能力，诸如自我管理、组织协调、适应环境变化、建立合作关系、应对突发事件以及创造性地解决问题的能力等，而这些能力对于人一生的发展都是至关重要的，其重要性甚至超过了学业水平或专业能力。

　　不少职业类学校已经意识到了应试教育的这些缺陷或弊端，努力尝试在教学中还原职业场景，模拟工作过程，提炼和概括职场所需要的专业能力，并在这一理念的指导下训练学生。这种尝试无疑对学生的就业是有益的。可是，这种模拟过程往往还只是强调训练学生的专业能力。事实上，最先觉悟的是企业的人力资源管理者们。他们发现，很多具有高分的应聘者来到工作岗位后，面对新的工作常常显得困顿和无能为力，高分数、低能力的现象十分突出。于是，越来越多的用人单位开始把选人和用人的目光从名牌学校和学业成绩转向综合素质和职业能力。

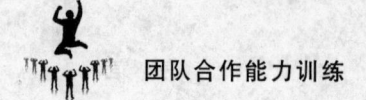

如果说学业水平和专业能力可以使人胜过自己的工作的话,那么学业和专业以外的能力则可以帮助人获得更多的机会,为更好地从事专业工作创造条件、搭建平台,从而提升专业水准并从中获得更多的成功和职业幸福感。

什么才是"专业能力之外的能力"呢?我们称其为"职业核心能力"(Vocational Key Skills),并赋予它以下几个方面的内涵:职业沟通能力、团队合作能力、解决问题能力、自我管理能力、信息处理能力、创新创业能力。简单地说,也就是一个人适应工作岗位变化、处理各种复杂问题、敢于和善于创新的能力。它是职业活动中最基本的能力,适用于任何职业的任何阶段,具有普遍性。

信息时代最显著的特点之一就是知识爆炸,没有人可以通过一段时期的学习就掌握所需要的所有知识和技能。不仅如此,有人还把当今社会称为"服务业主导的后工业社会",它与工业社会的主要区别之一就是从业者变换岗位的频率大大提高。工业社会里被附加了太多贬义的"跳槽"行为在当今社会职场中几乎成为普遍现象。变化,是我们这个时代的一大特点。

既然我们的教育存在缺陷,而时代又对职业人提高了更高的要求,那么,"职业核心能力"是否可以通过培训得到提高呢?现在,很多有识之士正在做着这样的努力。事实证明,科学合理的培训对于职场新人来说,可以在一定程度上弥补学校教育的不足,使他们更快地适应职场的要求。

本套教材作为职业素质教育和培训教材无疑顺应了时代的需求,它贴近职场实际,采用"行为引导"教学法,通过构建能力目标、过程训练和效果评估这样一种训练程序的培训,达到提高人的职业核心能力的目的。希望这个从职业场景里提炼出来的职业核心能力的认证培训项目,能在我们的院校和企业中开花结果,真正造福全社会有需要的人士,使大多数职业人通过培训重获职场自信,不断走向成功。

编者

2014 年 1 月

目 录

第一章 团队认知能力训练 1

第一节 经典项目 / 1
项目一:破冰之旅 / 1
项目二:齐眉棍 / 6
项目三:名称接龙 / 7
项目四:谁在布后 / 9

第二节 团队认知能力训练的知识拓展 / 10

第二章 团队融入能力训练 15

第一节 经典项目 / 15
项目一:信任背摔 / 15
项目二:信任之旅 / 19
项目三:疾风劲草 / 22
项目四:水平云梯 / 24

第二节 团队融入能力训练的知识拓展 / 25

第三章 团队沟通能力训练 28

第一节 经典项目 / 28
项目一:驿站传书 / 28
项目二:七巧板 / 30
项目三:盲人方阵 / 35
项目四:移花接木 / 38
项目五:官兵捉贼 / 39

第二节 团队沟通能力训练的知识拓展 / 41

第四章　团队培育能力训练　　46

第一节　经典项目 / 46
项目一：模拟电网 / 46
项目二：卓越圈 / 50
项目三：卧式传递 / 53
第二节　团队培育能力训练的知识拓展　/ 54

第五章　团队领导能力训练　　57

第一节　经典项目 / 57
项目一：孤岛求生　/ 57
项目二：穿越沼泽　/ 60
项目三：同心协力　/ 62
项目四：美丽景观　/ 64
项目五：将军与士兵　 / 65
第二节　团队领导能力训练的知识拓展　 / 69

第六章　团队思想意识培养能力训练　　71

第一节　经典项目 / 71
项目一：毕业墙 / 71
项目二：雷阵取水 / 75
项目三：坦然面对 / 76
第二节　团队思想意识培养项目的知识拓展　 / 78

第七章　团队激励能力训练　　81

第一节　经典项目 / 81
项目一：空中单杠 / 81
项目二：硫酸池 / 84
项目三：空中断桥 / 85
项目四：垂直天梯 / 87
第二节　团队激励能力训练的知识拓展　/ 89

第八章　团队评价能力训练　　92

第一节　经典项目　/ 92

　　项目一：易行　/ 92

　　项目二：共建家园　/ 94

　　项目三：团队公式　/ 95

第二节　团队评价能力训练的知识拓展　/ 99

第九章　团队合作能力训练必备的常识要求　　101

第一节　团队合作的六原则　/ 101

第二节　训练的安全原则　/ 102

第三节　对训练成员的要求　/ 103

第四节　团队合作能力的等级评定　/ 105

第一章　团队认知能力训练

第一节　经典项目

项目一：破冰之旅

☆项目性质：

团队合作认知能力项目。

☆项目目的：

相互熟悉，组建团队。通过该项目，让队员对团队合作项目有更直接的认识，有利于队员更好地参与训练。

☆场地器材：

地点教室或平整场地；器材无。

☆人员要求：人数不限。

☆项目时间：90分钟。

☆项目概述：

破冰又称融冰。这个破冰项目帮助人们变得乐于交往和相互学习，打破陌生

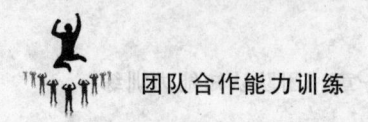

人之间的隔膜,消除队员间的积怨。

☆**项目布置:**

1. 破冰十项

(1)问好

(2)自我介绍

(3)破冰时间及内容

(4)问询

(5)拓展起源与发展

(6)团队建设

(7)团队展示

(8)参训注意事项

(9)作息时间

(10)致谢

2. 详细流程

(1)问好:在教室门前集合队伍,带领团队顺序进入教室。向大家问好:晚上好!……那么我们有一个传统的问候方式,当我向大家问好时,大家回答一个字——"好"就可以了。那么我们再试一遍,好吗?……很好,谢谢大家。

(2)自我介绍:首先欢迎大家选择团队合作能力训练课程。自我介绍一下,我叫××,是本课程的指导老师。

(3)破冰时间及内容:今天的破冰课程大约持续1个半小时,主要有三方面内容:

①介绍拓展起源与发展;

②团队建设与展示;

③参训注意事项。

(4)问询

①有没有参加拓展训练(体验式训练)的队员,请你们谈谈自身的感受;

②听说但没有参加拓展训练(体验式训练)的队员,请你们谈谈自身的感受(队员相互发表感受);

③从未听说也未参加过拓展训练(体验式训练)的队员,你们认为拓展训练是一种什么培训?

(5)拓展起源与发展

首先请两位队员代表上台,为大家画一幅军舰和潜艇的图画;

由图画引起故事，导入拓展起源——

　　拓展训练（体验式训练）起源于二战时期的英国，记得当时的英国首相丘吉尔在《二战回忆录》中写道："我不惧怕伦敦上空的鹰，但我胆寒大西洋海底的狼。"那么，当时来往于大西洋上的英国舰队，屡遭德军潜艇的袭击，沉船后，绝大多数士兵葬身海底，但是却有极少的一部分人能够生还。英国军方的救生专家们对这一部分生还者进行了生理、心理方面的种种测试，发现他们都存在一些共同的特点，大家想象一下他们到底具备什么样的特点呢？

　　看来大家都经历过战争的洗礼。正如大家所说的一样，能够生存下来的士兵是凭借他们丰富的人生阅历、良好的心理素质和极强的求生欲望。

　　那么大家再想想生存下来的士兵群体的年龄多在什么范围？

　　他们的年龄在30至40岁之间。而那些年轻的士兵们落水后，首先想到这次可完了，陆地遥远、危机四伏。首先是心理防线的崩溃，随之而来的是智力活动的终止和体力的迅速下降。因此，为了保证士兵的生存能力，在1941年决定由汉斯将军组织成立一所"阿德博威"海上训练学校，让那些从未经历过战争的年轻士兵在上战场前，通过经历一些模拟战争的情景去体验一下战争的气氛，让他们从生理到心理能够快速地适应残酷的战争环境，实践证明效果显著。

　　二战结束后，战争已不存在，这所学校也随之退出了历史舞台，但是这种新颖的培训模式被保留了下来。体验式培训经过几十年的演变与发展，已经更加系统和专业，成为现代人和现代组织的学习方法和训练方式。它是利用大自然及人工设置的各种环境，通过各种精心设计的活动项目，让大家在解决问题和应对挑战的过程中，达到磨炼意志、陶冶情操、完善人格、熔炼团队的目的。

　　"体验"已成为现在最为时尚的词语，我们为什么需要去体验，体验式学习到底能够给我们带来多少收益呢？这样，先问大家几个问题：谁会开飞机？谁会开汽车？谁会骑自行车？——我们记住外界的信息：20%来自于我们见到和听到的、80%来自于我们说过和做过的，那么通过体验式培训就能去获得你想到和没想到的。体验式培训中的每一个活动都是精心设计的，按照你们的需求控制其中的条件，使体验更加有组织、有目的，更为个性化。"体验式培训"是属于你们的，积极参与是"体验"的关键。

　　体验式培训与其他培训到底存在哪些不同呢？从形式上讲，我们大多数人是让大家在户外利用一些自然条件和人工设施进行培训。从内容上讲，我们关注的是人的非智力层面的因素，如观念、态度、人格等，而并非知识、技能。从培训的方式和方法上讲，我们采取的是互动式，指导教师只告诉你们任务和规则，你们自己

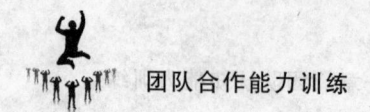

做活动,做完项目后我们围坐下来一起回顾,联系生活和工作,从活动中能得到哪些启示,大家畅谈感受、相互学习,由此完成一次培训活动。这里有一个学习圈理论跟大家一起分享:

活动——分享——思考——理论——提升

项目"同心杆(齐眉棍)"。

你们来到这里培训,想收获到什么?拓展训练能够为大家带来些什么?

◇培养积极心态　◇改善人际关系　◇体验—接触打破心理鸿沟

◇提高团队绩效　◇改善团队沟通　◇提供团队练习机会

自1995年起拓展训练进入中国,到现在已有18年的时间了。拓展训练符合现代社会对高素质人才的要求,它以团队合作学习的方式打破了传统教育中以独善为主的教育模式,使队员在应对挑战、解决问题的过程中,达到磨炼意志、陶冶情操、完善人格、熔炼团队的目的,并培养了现代社会人才所需的综合素质,因此它是高校体育教学发展的新方向。在中国刚刚起步的拓展训练,是符合当前体育教学改革和素质教育指导思想的一种全新的教育模式,它既是对教育和教学意识的创新,也为深化高校的体育教育改革提供了科学有效的方法。

根据客户的需求及企业文化的不同,我们会有针对性地设置不同的课程。如外展团队体验课程、新人融入、高效团队、企业文化整合等。

拓展体验课程就像联想的广告词:"超越,只要你想。"

(6)团队建设

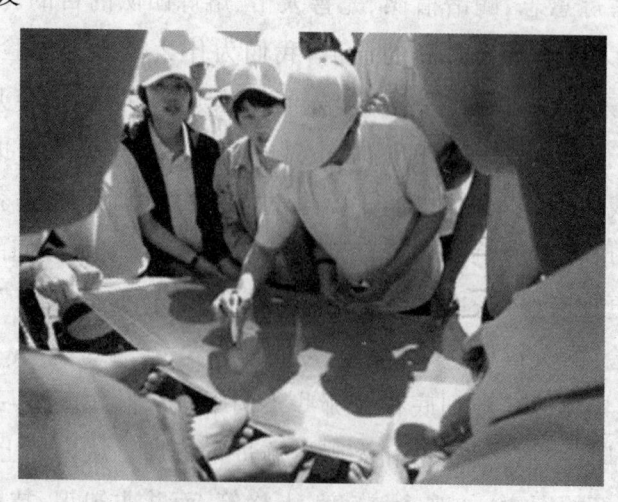

①我是谁

②选队长

③起队名

④画队徽

⑤喊队训

⑥唱队歌

⑦队长袖标(可选)

(7)团队展示

队员展示程序:首先队长做自我介绍,介绍队徽和队标的实际含义;其次组织大家一起展示团队,队长高喊"我们的队名是……",其他队员齐声回答队名;队长高喊"我们的队训是……",其他队员齐声回答队训;队长高喊"我们的队歌是……",其他队员齐声高唱队歌。

(8)参训注意事项

①安全(攀爬训练架)

②禁烟、禁酒(不利于拓展活动)

③环保(口香糖)

④疾病(骨折、脊椎劳损、经常性脱臼、严重的心脏病……),另询问有无恐高症的人;回答拓展活动的一大特色是根治恐高症

⑤服装、鞋

⑥手机(调到震动)

(9)作息时间:介绍本次拓展活动的大概流程和时间安排,让队员心中有数

(10)致谢

今天的破冰到此结束,谢谢大家!

☆**项目分享:**

1.尽量记住每个参训队员的姓名、爱好,在参训的过程中加以应用,拉近距离,增加好感。

2.选择对方感兴趣的话题作为例证,激发参训队员的兴趣和认可。

3.善于称赞,满足对方的成就感,尤其针对那些个性比较强的"意见领袖",是消除阻力、寻求合作的利器!

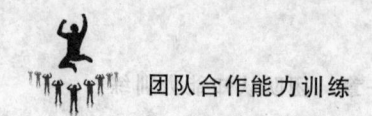

项目二:齐眉棍

☆项目性质:

团队合作认知能力项目。

☆项目目的:

相互配合,增强认知。这个项目让队员体会到了"拴在一根绳上的蚂蚱"的感觉,换言之,是让他们"生死与共"以培养他们的沟通、协作和领导能力。

☆场地器材:

地点:教室或空闲场地。

器材:一根 2~3 米的轻质塑料棍(或竹竿,最好可伸缩)。

☆人员要求:

每组人数在 10~16 人为宜。

☆项目时间:

项目完成时间:40~50 分钟

项目布课时间:10 分钟

项目挑战时间:25~30 分钟

回顾总结时间:5~10 分钟

☆项目概述:

在保证每个队员的手都在轻质塑料棍(或竹竿)下面的情况下,将轻质塑料棍安全水平地往下移动。一旦有队员手离开轻质塑料棍(或竹竿),或者轻质塑料棍(或竹竿)没有水平往下移动,任务就算失败。

☆项目设置:

1. 让小组成员站成相对的两列(或并排一列亦可),让小组成员全部将双手举到自己的眉头位置。

2. 将轻质塑料棍（或竹竿）放在每个人的手指上，注意必须保持每只手都接触到轻质塑料棍（或竹竿），并且手都在轻质塑料棍（或竹竿）的下面。

☆安全控制：

1. 项目看似简单，但要成功地完成则非常不易。因为项目要求每个人的手都不能离开棍子，所以组员必须克服个人的身高差异。同时还考验他们的协同合作能力，一人的不配合将导致满盘皆输。

2. 如果由一个人去完成这个任务是相当简单的一个事情，但是一个人做的工作由几人来完成，会比一个人干时还容易，因为几个人之间将形成许多相互关系，制造出许多新工作。因此，团队的力量不容忽视，这也就是"帕金森定律"。

3. 如果小组中有任何一个人不同于组织的共同节奏，轻质塑料棍将无法保持水平下降。所以应该想办法克服，可以通过喊号子的方式来解决。选一个队长，喊出简短有力的号子来指挥队员，同时也可以说一些鼓励的话来激励队员的斗志。所以说，指导老师的选择很重要，要能调动起大家的情绪才行。

☆项目分享：

1. 当你和别人一起移动塑料棍时有什么感觉？

2. 你和其他队员是怎么交流的？

3. 你们采用什么方法保持动作一致？

4. 你们是怎么克服身高差异的？

项目三：名称接龙

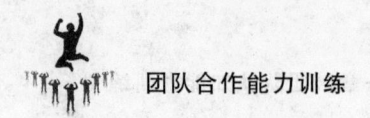

☆项目性质：

团队合作认知能力项目。

☆项目目的：

通过该项目使队员与教练间、队员与队员之间迅速熟悉起来,记住彼此的名字。该项目经常在团队建设之后、大家彼此之间还不太熟悉时采用,可有效地在项目中帮助大家记住对方的名字,为以后的项目合作打下良好的基础,让大家在一个熟悉的、愉快的氛围内完成各项训练。

要求队员按顺序记住前面所有队友的名字,直到最后一位队员,即为任务成功,中间若出现差错,则任务失败。

☆场地器材：

地点:教室或空闲场地;器材无要求。

☆人员要求：

每组人数在6～10人为宜。

☆项目时间：

项目完成时间:40～50分钟

项目布课时间:10分钟

项目挑战时间:25～30分钟

回顾总结时间:5～10分钟

☆项目概述：

本项目是一个增进团队队员认知程度的拓展项目,按要求依次说出队员的姓名,来增进队员之间的认知和熟悉程度。

☆项目布置：

1. 请所有队员围坐一个圈。

2. 首先,请每个队员介绍自己的名字,如时间允许,可以请每个队员在介绍自己名字的基础上,补充介绍各自的爱好和特长。为保证整个活动的时间不会被拖延太长,可要求队员做自我介绍时言简意赅,例如,总共使用三句话来介绍自己的姓名、爱好和特长。

3. 从指导教师的左手或右手的第一位队员起,所有队员采用以下方式进行自我介绍——第一位队员:"我是××",第二位队员:"我是××(第一位队员的姓名)后面的××",第三位队员:"我是××(第一位队员的姓名)后面的××(第二位队员的姓名)后面的××"。依次下去……最后一位队员将前面所有队员的名字重复一遍。

☆项目分享：

1.你是采取什么方式记住你前面队员名字的？

2.别人能第一时间说出你的名字,你是什么样的感觉？

3.如果你是第一位或者最后一位,你考虑到难度的差异了吗？

4.如果让你作为队中的最后一位,你有信心记住前面队员的名字吗？

项目四：谁在布后

☆项目性质：

团队合作认知能力训练项目。

☆项目目的：

1.使初步认识的队员再次加深认识；

2.提高团队队员的认知能力和融合力。

☆场地器材：

平整场地；不透明的幕布一条。

☆人员要求：

人数不限。

☆项目时间：

项目完成时间：40~50分钟

项目布课时间：10分钟

项目挑战时间：25~30分钟

回顾总结时间：5~10分钟

☆项目概述：

参加的人员分成两边,依序说出每个人的姓名或希望别人如何称呼自己。

☆项目布置：

1.指导教师拿幕布隔开两边队员,分组蹲下。

2.第一阶段,两边队员各派一位代表至幕布前,隔着幕布面对面蹲下,指导教师喊一、二、三,然后放下幕布,两位队员以先说出对面队员姓名或绰号者为胜,胜者可将对面队员俘虏至本组。

3.第二阶段,两边队员各派一位代表至幕布前背对背蹲下,指导教师喊一、二、三,然后放下幕布,两位队员靠组内队员提示（不可说出姓名、绰号）,以先说出对面队员之姓名或绰号者为胜,胜者可将对面队员俘虏至本组。

4.活动进行至其中一组人数少于三人时即可停止。

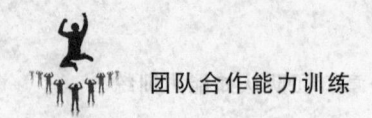

☆安全控制：

1. 选择的幕布必须不透明，以免预先看出伙伴而失去公平性及趣味性。
2. 队员蹲在幕布前，避免踩在幕布上，以免操作幕布时跌倒。
3. 指导教师应制止站立或至侧边偷窥的情况发生。
4. 队员不可离指导教师太近，以免操作幕布时产生撞击。
5. 队员叫出名字时间差距短，指导教师需注意公平性。
6. 本活动不适用于不熟悉的团队。

☆项目分享：

1. 各位如果继续玩下去谁会赢？那谁会输呢？
2. 我们所设计的这个项目是 no loser／no winner，这是双赢的概念。
3. 可增加幕布前代表人数。
4. 可让队员背部贴紧幕布，另一分组凭其轮廓猜出其姓名或绰号。

第二节　团队认知能力训练的知识拓展

1. 团队的概念

1994年，组织行为学权威、美国圣迭戈大学的管理学教授斯蒂芬·罗宾斯首次提出了"团队"的概念，即为了实现某一目标而又相互协作的个体所组成的正式群体。随后，团队合作的理念风靡全球。

团队是指为了一个共同的目标而在一起工作的一些人组成的协作单位。团队合作指的是一群有能力、有信念的人在特定的团队中,为了一个共同的目标而相互支持、合作、奋斗的过程。团队可以调动成员的所有资源和才智,并且会自动地驱除一些不和谐和不公平现象,同时会给予那些诚心、无私的奉献者适当的回报。如果团队合作是出于成员的自觉自愿,它必将会产生一股强大而且持久的力量。

团队有明确的目标和任务分配,所以它不同于普通的工作群体,在成员之间没有永远不变的配合形式,成员与成员之间、成员与领导之间的两者关系也会发生变化。

2.团队的特点

(1)团队具有明确的目标。团队成员清楚地了解所要达到的目标,以及目标所包含的重大现实意义。

(2)成员具有相关的技能。团队成员具备实现目标所需要的基本技能,并能够进行良好合作。

(3)成员相互间信任。每个人对团队内其他人的品行和能力都确信不疑。

(4)成员具有共同的信念。这是团队成员对完成目标的奉献精神。

(5)成员之间沟通顺畅,信息交流充分。团队成员间要拥有畅通的信息交流。

(6)成员具有谈判的技能。高效的团队内部成员间交涉将时常发生变化,这要求团队成员具有充分的谈判技能。

(7)团队具有公认的领导。高效团队的领导往往担任的是教练或后盾的作用,他们对团队提供指导和支持,而不是试图去控制下属。

(8)团队具备内部与外部的支持条件。既包括内部合理的基础结构,也包括外部给予必要的资源条件。

3.团队的构成要素

团队的构成有几个重要的因素,管理学家称之为5个"P"。

(1)目标(purpose)

每个团队都应该有一个既定的目标,这可以为团队成员们导航,指导队员向何处去。没有目标的团队是没有存在的意义的。

(2)人员(people)

个人是构成团队的细胞,一般来说,3个人以上就能够组成团队。团队目标是通过其成员来实现的,因此,人员的选择是团队建设与管理中非常重要的部分。

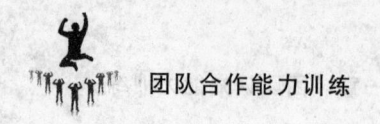

(3)团队定位(place)

团队的定位包含两层意思:一是团队整体的定位,包括团队在组织中处于什么位置,有谁选择和决定团队的成员,团队最终应该对谁负责,团队采取什么方式激励下属等;二是团队中个体的定位,包括各个成员在团队中扮演什么角色,是指导成员制订计划还是具体实施某项工作任务等。

(4)职务(power)

团队的职权取决于两个方面:一是整个团队在组织中拥有什么样的决定权;二是组织的基本特征,如组织的规模有多大、业务是什么等。

(5)计划(plan)

从团队的角度看,计划包括两层含义:一是由于目标的最终实现需要一系列具体的行动方案,可以把计划理解成程序之一;二是提前按计划进行可以保证团队的进度。只有按计划操作,团队才会一步一步地接近目标,从而最终实现目标。

4.团队的基本类型

根据团队存在的目的和拥有自主权的大小,可将团队分成四种类型:

(1)问题解决型团队

(2)自我管理型团队

(3)多功能型团队

(4)虚拟型团队

5.团队的基本步骤

(1)评估团队现况

(2)采取对策

(3)观察结果

(4)采取进一步对策

首先团队的现况如何,这称为"团队成熟度"。根据不同的成熟度,要运用不同的对策。成熟度可以分为四个阶段,以下说明每个阶段的特征、管理重点以及该阶段的目标与对策。

①形成期:从混乱中理顺头绪的阶段

特征

团队成员由不同动机、需求与特性的人组成,此阶段缺乏共同的目标,彼此之间的关系也尚未建立起来,人与人之间的了解与信赖不足,尚在磨合之中,整个团队还没建立规范,或者对于规矩尚未形成共同看法,这时矛盾很多,内耗很多,一致性很少,花很多力气也产生不了效果。

目标

立即掌握团队,快速让成员进入状况,降低不稳定的风险,确保事情的进行。

此阶段的领导风格要采取控制型,不能放任,目标由领导者设立(但要合理),清晰直接地告知想法与目的,不能让成员自己想象或猜测,否则容易走样。关系方面要强调互相支持、互相帮忙,这时期人与人之间关系尚未稳定,因此不能太过坦诚(例如刚到公司的小伙子,领导问他有何意见时,他最好的回答是我还需要多多学习,请领导多指点。如果他认真地指出缺点与问题,即使很实际,也许会得不到肯定与认同)。这个时期也要快速建立必要的规范,不需要完美,但需要能尽快让团队进入轨道,这时规定不能太多太繁琐,否则不易理解,又会导致碍手碍脚。

②凝聚期:开始产生共识与积极参与的阶段。

特征

经过一段时间的努力,团队成员逐渐了解指导老师的想法与团队的目标,互相之间也经由熟悉而产生默契,对于团队的规矩也渐渐了解,违规的事项逐渐减少。这时日常事务都能正常运作,指导老师不必特别费心,也能维持一定的生产力。但是团队对指导老师的依赖很重,主要的决策与问题需要指导老师的指示才能进行,指导老师一般非常辛苦,如果其他事务繁忙,极有可能耽误决策的进度。

目标

挑选核心成员,培养核心成员的能力,建立更广泛的授权与更清晰的权责划分。

方法

这个时期的指导老师重点是在可掌握的情况下,对于较为短期的目标与日常事务,能授权队员直接进行,指导老师只需要定期检查与维持必要的监督。在队员能接受的范围内,提出善意的建议,如果有新进人员进入,必须尽快使其融入团队之中,部分规范成员可以参与决策。但在逐渐授权的过程中,要同时维持控制,不能一下子放太多,否则回收权力时会导致士气受挫,配合培训是这个时期很重要的事情。

③激化期:团队成员可以公开表达不同意见的阶段。

特征

藉由指导老师的努力,建立开放的氛围,允许成员提出不同的意见与看法,甚至鼓励建设性的冲突,目标由指导老师制订转变为团队成员的共同愿景,团队关系从保持距离、客客气气变成互相信赖、坦诚相见,规范由外在限制变成内在承诺。这个时期的团队成员成为一体,愿意为团队奉献,智慧与创意源源不断。

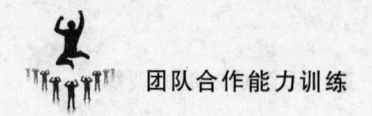

目标

建立愿景,形成自主化团队,调和差异,运用创造力。

方法

这时,指导老师必须创造参与的环境,并以身作则,允许差异与不同的声音。初期会有一阵子的混乱,许多指导老师害怕混乱,则又重新加以控制,会导致不良的后果。这时可以借助第五项修炼中的建立共同愿景与团队学习的功夫,可以有效地度过难关。这个时期是否转型成功,是组织长远发展的关键节点。

④收割期:品尝甜美果实的阶段。

特征

即由过去的努力组织形成强而有力的团队,所有人都有强烈的一体感,组织爆发前所未有的潜能,创造出非凡的成果,并且能以合理的成本,高度满足客户的需求。

目标

保持成长的动力,避免老化。

方法

运用系统思考,纵观全局,并保持危机意识,持续学习,持续成长。

第二章　团队融入能力训练

第一节　经典项目

项目一:信任背摔

☆项目性质:

团队合作融入能力项目。

☆项目目的:

1. 培养团队内部的相互信任。

2. 增强队员挑战自我的勇气。

3. 发扬团队精神,相互帮助。

4. 通过挑战,懂得合理突破本能的重要意义。

5. 感悟制度的制订与保障对完成任务的价值。

6. 培养队员换位思考的意识。

☆场地器材:

场地:拓展训练场地。

器材:1.4~1.6米背摔台,有扶梯和半角围栏;1米长的绒布背摔绳一根。要

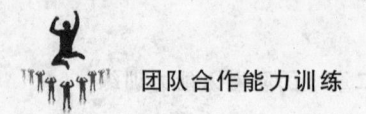

求结实、柔软、摩擦力大;最好选择相对较软的地面或海绵垫。

☆人员要求:

每组队员人数一般在12~16人,其中男士不应少于3人,人员过少或有队员体重超过100公斤,接人的队员至少应有体格较好的4名男士,否则此项目应由相应项目替换或不做。

☆项目时间:

项目完成时间:80~100分钟

项目布课时间:15分钟

项目挑战时间:30~40分钟

回顾总结时间:35~45分钟

☆项目概述:

这是一个培养团队队员间的相互信任和对同伴有高度责任心的合作项目,让一个人不可能实现的目标,通过团队合力而变成现实。

☆项目布置:

1.在做完热身活动后,将队员集合到背摔台前,向两组队员或者小组队员大声介绍:

(1)我们今天要做的项目叫"信任背摔",这是一项个人挑战与团队配合相结合的项目。在我们面前有一个1.5米高(1.4~1.6米)的背摔台,我们每一个队员将轮流登到台上,按照要求后倒,其他所有队员将其接住。

(2)为了确保安全,在项目开始前,各位队员必须将身上所有的硬物摘下放在收纳盒内(或放到指定的安全区域,教师提前找一个在视野范围内、人员很少经过的安全地方,可以将坐垫或小板凳集中有序地摆放在那里),包括手表、手机、钥匙、饭卡或门牌卡、钱包、手镯、戒指、耳环以及服饰上的尖锐物品等,衣兜里最好不放任何东西,眼镜在活动开始后也应摘下。

排除外部安全隐患后,我们确认一下各自的身体状况是否适合参加信任背摔挑战;有心脑血管疾病、心脏与血压不正常、近期动过大手术、高度近视、身体感觉不适的队员,或者医生建议不要做剧烈活动的队员,一定要告诉我,我可以根据你的身体状况,安排你参加合适的活动或者不参加挑战。只是心理紧张的不必担心,我们有相应的检查与辅导措施确认你可以参加何种程度的活动。

2.下面我介绍一下这个项目:项目分为两个部分,一是个人挑战部分,也就是背摔(后倒);二是团队配合部分,任务是接人。首先,我介绍一下个人挑战的要求。

(1)队员依次开始,准备挑战前,全体队员将其围在中间,队长大声地喊出准备挑战的队员姓名或队员大声喊出自己的名字,接着全体队员高呼队训与"××加油",然后,该队员在获得力量与激情的支持下,沿着台阶爬到背摔台上(一般情况下最好简单地重复一遍)。

(2)队员来到背摔台上,选择一个安全的角度靠在护栏上,做一个手臂的动作,跟我一起做:两臂前举,掌心相对,拇指带动内旋掌心向外,交叉(两臂的上下随意,如有队员提问时回答)十指相扣,双手经下向内旋然后抱紧靠向身体(重复两至三遍)。我会在背摔台上给大家手腕上系一根背摔绳,用来保护大家(如有人问,可以解释保护是为了防止大家倒偏,找一位队员演练。如果一遍不解释会发生打开手臂伤人之事)。

(3)当大家站在背摔台上后(指导老师将其扶到有安全保护架的角内),手臂做出刚才的动作,系上背摔绳,抱紧身体。在指导老师的引领下慢慢地移向台边(指导老师一只手抓住背摔绳,尽量抓得离手近点,试着外拉几次,确保练习者手臂抱紧身体,另一只手抓住保护架),练习者背向台边,脚后跟超出台面少许,两脚并拢,脚尖相靠,膝关节绷紧,臀肌收紧,略微含胸收腹收下颌,不要向后看(小声地对其做些鼓励,如果紧张可以问一些转移注意力的话)。

(4)调整呼吸,当参加背摔的队员准备好了之后(指导教师可以给所有人员提个醒),大声地问队友:"准备好了吗?"当听到队友齐声回答:"准备好了。"然后自己喊"1、2、3",同时向后倒下(此时指导教师注意练习者的脚,如有必要立即下蹲扶住练习者的脚,防止踢到两边的队友)。倒下之后不要踢腿,体验被人接住后的感觉,并由保护者慢慢放下。

(5)大家先在原地感受一下后倒的感觉(就近选一个同学做示范),指定一位同学,其他同学先看示范,按刚才的要求站好(指导教师走到该队员身后,并对其小声说不用向后看、相信我之类的话),两脚弓步站立,距其半米左右,用两手靠近其肩胛部位的动作,但要保持不接触其身体,当其后倒时,随其移动,并在练习者靠近自己身体时靠双手和胸膛将其接住,练习的同学手脚尽量保持不动。作为保护的同学一定要注意,不要离得太远,不许开玩笑。

(6)现在身高、体重比较接近的同学两个人一组,开始练习,然后交换(此时指导教师一定要将全体队员收入眼底,及时提醒,不要急于去为个别同学辅导)。

3.(练习2~3分钟后及时叫停,开始介绍团队配合接人部分)好的,现在我们开始学习搭建接人的人床。

(1)首先找和自己身高、体重比较接近的人面对面站立,伸出右脚呈前弓步站立,两脚左右间距略比肩窄,脚内侧相抵,膝关节内侧靠近。调节支撑腿,保持重

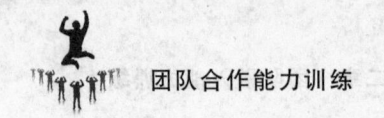

心稳定。身体上半部分正直略向后倾,腰部收紧。

(2)双臂向前平举,彼此搭到对方右臂上(不用放在肩上,检查时告诉大家是靠自己的力量上抱,而不是用手借对方上臂做支点依靠),掌心向上,手指并拢伸直,肘部自然向下弯曲;抬头向后仰,看着背摔者的背,偶尔发现有偏斜的,可以略微前后调整一点。

(3)(将力量较小、身材较矮的队员排在两端,第三至第五位置的一定要派力量较大的队员)让两人面对面站好,一对一对地肩部靠近排列成面对的两排,用双臂搭建一个接人的"人床",选择一个人在远离背摔台的队头做"床头",推着两边"人床"的肩部并帮助老师确认挑战队员是否站到了人床中间(人员较多时可以将手臂伸出在第二至第四的队友手臂下帮助接人,但绝对不允许出现有人在人床上方伸手接人)。

(4)当听到挑战队友大声地问"准备好了吗?"其他人齐声回答"准备好了",然后转头看着挑战队友的背部。

当听到挑战队友喊"1、2、3"时抬头,眼睛盯住挑战队友并随其移动,手臂用力接住挑战队友。

(5)好的,下面我检查一下大家接人的能力如何?每两位各自站好,当听到我喊"准备好了吗?"大家要回答"准备好了"。当听到我喊"1、2、3"时,要用力接住我(指导教师用双臂下压每对练习者,力量适中,如果确有不用力接住,要重试一次,必须确保每一对都会做了,并要不断提醒掌心向上)。

(6)当大家接住队友后,不许抛接,不许开玩笑。慢慢放下,先放脚,站稳后扶其肩部的同学才可以松手,并注意防止练习者被放得太猛而受伤)。

4. 好的,大家都做得很棒,现在开始(指导老师登到背摔台上)!队长安排先后顺序,谁先上(确定有人第一个上时,及时提醒喊队训)。

确认参加者符合要求,硬物摘除,喊完队训,即可上台(对上来的同学说"欢迎你参加挑战!"多给第一位上来的队员一些鼓励,可以多做点分散注意力的交流,缓解紧张情绪,但是一定要不断提醒动作要领)。

指导教师在和台上队员交流时,一定要提醒接人的队伍整齐、膝盖弯曲、腰部挺直、肩要靠近、头要上仰等。

当第一个队员完成、安全站立之后,大家给一些掌声,并帮其解下背摔绳。继续进行。

☆**安全控制**:

1. 要求全体队员摘去手表、胸针、发卡、眼镜,交出手机等可能造成伤害的物品。

2.第一位背摔者可由队员自报,但要确定一位体重较轻的人进行第一次背摔,体重大的人应放在中间做,并可适当增加保护人数。

3.有心脏病、脑血管病、高血压及严重腰伤者不能参加。

4.背摔台的四脚应稳固结实。

5.要注意台面木板是否结实。

6.防止台上队员倒下时将教师同时拉下。

7.教师在台上后移时要注意防止摔下。

8.教师要检查背摔者身上是否有硬物等危险物品。

9.未经台上台下口令呼应不得操作。

10.下方保护队员接住上方队员后不得将其抛起。

11.禁止将接住的队员顺势平放在地上。

☆项目分享:

1.谈谈突破心理障碍瞬间的感受和挑战自我的意义。

2.通过对比看和做之间的心理差别,体会换位思考和相互理解的重要性。

3.体会相互信任的重要意义。

4.理解按要求进行挑战是最安全的。

5.有些事情未能做或未能做好,并不是能力不行而是心理不行,而心理素质是可以通过锻炼加强的。

6.不是不能做,而是不敢做,这不是能力问题,是心理问题。

7.心理保护层厚的人,现有的能力也很难发挥。

8.不断突破心理保护层是成功的关键。

9.关键在于不断突破自己,走出第一步。

项目二:信任之旅

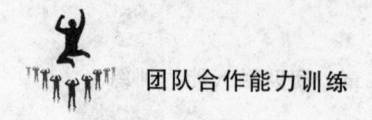

☆项目性质：

团队合作融入能力项目。

☆项目目的：

1. 培养团队成员的沟通能力，提高沟通技巧。

2. 感受相互帮助与关爱。

3. 体验信任对完成任务的作用。

☆场地器材：

1. 适合活动的室外场地一块，设有用于跨过、绕过、钻过的不同障碍。

2. 准备与队员人数相等的眼罩。

☆人员要求：

20人左右。

☆项目时间：

项目完成时间：80～100分钟

项目布课时间：15分钟

项目挑战时间：30～40分钟

回顾总结时间：35～45分钟

☆项目概述：

信任之旅是一个团队合作项目。丧失了视力的盲人朋友，需要共同努力来通过一段充满荆棘的路径。除一名指导教师可以看到但部分时间不允许说话外，其余人均又盲又哑，全队行动都在指导教师的指挥下进行。全体团队一致、相互配合，最终完成任务，实现团队目标。这是个人挑战与团队配合相结合的项目。

☆项目布置：

1. 选定一名队员做引导员，一名队员做安全记录员，其余队员全体戴上眼罩。

2. 戴上眼罩之后，全体盲人队员在2分钟内不发出任何声音，在原地利用手上的一张A4白纸折叠一个最能代表你手工能力的作品，这个时段由安全记录员负责监督。

3. 安排出一名引导员，双手搭在最后一名队员的肩上，将信息以此向前传递，可以让盲人说话，引导员应该为哑巴。

4. 收集手工作品，并由记录员记录它的主人，然后旅程开始。

5. 全体队员在开始时有10分钟时间进行讨论与安排，此后直到完成任务，盲人不得发出任何声音。

6.活动中注意安全,严格按照规则进行挑战,不得摘下眼罩,不得在噤声期讲话,否则将受处罚。

7.准备好后,指导教师以俄罗斯动人的《丹珂之心》故事来导入课程:

很久以前,丹珂所在部落遭到其他部落的袭击,在无处可逃之时部落不得不撤入森林。树高林密,森林里黑得伸手不见五指。部落首领丹珂带领大家在森林中摸索着前进。

两天过去了,他们还没有走出森林,有人对丹珂产生了怀疑,蛊惑大家返回去。丹珂告诉大家,只要听从指挥,再坚持一下,就能走出森林。但是,第三天、第四天还没走出森林,大家愤怒呼喊:"杀死丹珂这个骗子!"丹珂拿出刀子剖开了胸膛,掏出了自己的心。

丹珂的心在黑暗中闪闪发光,照亮了人们前进的方向,人们没有理由再怀疑丹珂,便继续前进,第五天终于走出了森林。当人们欢呼雀跃时,丹珂终因身疲力竭而永远倒在了大地上。大家开始自责:我们有这么好的部落首领,为什么不相信他呢?

好,项目开始。

☆安全控制:

1.要求队员注意安全,每到一处障碍,指导教师都应在此准备帮助保护。
2.提醒引导员不要催促队员,不要急于求成。
3.安全监督员在不发出声音的情况下,监督队伍中等待或移动的队员。
4.要求道路地面平整,障碍物设置明显,不要设置尖锐的障碍物。
5.队员戴上眼罩后不要随意移动。
6.引导员不能有意加大难度或开玩笑。
7.提醒队员摘下眼罩时先闭一会儿眼睛再慢慢睁开。
8.要对指导教师和安全监督员作特别交代,严格按照项目规则完成任务。
9.选择具有责任感、有一定表达能力、做事认真的队员做引导员和安全监督员。

☆项目分享:

1.你们采用了什么办法沟通的,10分钟的讨论是怎样运用的?
2.信任是如何产生的?为什么我们愿意信任自己的伙伴?
3.让引导员谈谈他们对于责任的认识,可以结合领导力问题进行细致交流。
4.根据队员的回顾和交流,分析活动中信息的传递是如何进行的?正确的

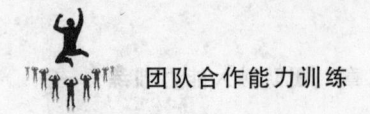

信息传递之后还没来得及反馈,下一个信息又到来,信息叠加会导致怎样的结果?

5.盲人队员谈谈各自的弱势和困难,获得帮助也是他人努力排除困难的结果,以感恩之情看待成功。

6.如果是盲人依次牵手或双手搭在前一名队员肩上前行,指导教师叫停时全体队员必须立刻在原地停止动作。

7.指导教师在队员束手无策时给予鼓励,出现急躁情绪时给予语言安慰,使其保持必胜的信念。

8.路径长度最好为200~300米,障碍依难度设定7~10个,难易结合。

项目三:疾风劲草

☆项目性质:

团队合作融入能力项目。

☆项目目的:

体验信任他人和放松自我。

☆场地器材:

无

☆人员要求:

12~16人。

☆项目时间:

项目完成时间:50~60分钟

项目布课时间:5分钟

项目挑战时间:25～30分钟

回顾总结时间:20～25分钟

☆项目概述:

该项目是一个建立相互信任,并使之成为一个具有凝聚力团队的很好的项目(必须注意,做这个项目前要先练习"坚强后盾"项目中的正确保护姿态)。

☆项目布置:

1.大家围成一个圈,力量强弱的人员交叉排列。

2.疾风:半弓步站立,双手伸直,双手并拢,手掌朝上,与手臂垂直,保证大家的手掌刚好围成一个直径2～3米的圆,依据参与人员的身高进行适当调整,身高越高,直径越大。

3.劲草:呈一个圆心站立,双脚并拢,双手前伸交叉握住,并朝下内绕270度,让握住的双手顶住下巴,轻闭双眼,保持身体僵硬。

4.这个活动从最初到现在,国际同行已经将其发展了七代,并越来越关注体验者的心理辅导。因此,手臂的推法也有不同的变化。

5.劲草大声喊:"我是某某,我准备好了,我要倒了,大家准备好了吗?"

6.疾风齐声大喊:"我们准备好了,你倒吧!"

7.劲草笔直地倒在疾风(大家的手掌)上,保持双脚贴紧地面不动。

8.疾风们按左或右同一方向把劲草向左或右传递一圈或几圈,疾风的手掌尽量不要后退,也不要向前推,而是左右转移劲草即可。

9.疾风把劲草推回圆心直立,劲草轻轻睁开眼睛,大声说:"谢谢大家!"

10.大家轮流到圆心扮演劲草,继续活动。

☆安全控制:

1.保护人员必须弓步站立,中间人员双手不要乱动。

2.动作过于粗鲁、置中间人于不顾的过分玩笑、转得太快、注意力不集中时,应该立即叫停。

3.如有任何情感上的或身体上的不安全因素出现,应该毫不犹豫地阻止。

☆项目分享:

1.以解决问题为目的,说出你的感受和想法。

2.从项目进行前到项目结束,你对团队的信任度有改变吗?

3.角色的交换对你有什么影响?

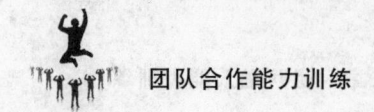

项目四:水平云梯

☆项目性质:

团队合作融入能力项目。

☆项目目的:

1. 建立小组成员间的相互信任。
2. 培养全体队员各尽所能、共同努力完成任务的能力。
3. 培养团队成员的责任感、自控能力以及勇气。

☆场地器材:

场地:平整场地。

器材:10~12根硬木棒或水管,要求每根长约1米,直径30~40毫米。

☆人员要求:

每组10~24人,人多时分成不同的小组。

☆项目时间:

项目完成时间:50~60分钟

项目布课时间:5分钟

项目挑战时间:25~30分钟

回顾总结时间:20~25分钟

☆项目概述:

通过不同队友搭建的水平云梯前行,用于建立小组成员间的相互信任。虽然项目设计简单,但是非常有效。

☆项目布置:

1. 两名队员组合在一起成为搭档。给每对搭档发一根木棒(或水管)。让每对搭档面对面站好,所有搭档肩并肩排成两行(如图所示),将木棍平行排列成水平云梯。

2.一名队员开始爬云梯,其他所有人都参与搭建云梯,除去攀爬者,如果有多余的人,可做安全监督者。

3.每对搭档握住木棒,木棒与地面平行,其高度介于肩膀和腰部之间,这样整个形成了一个类似水平摆放的木梯的形状。

4.如果挑战能力较强,每根梯线的高度可以略有不同,以形成一定的起伏。不允许将木棒举到比肩膀还高的位置。

5.把选好的爬梯者带到云梯的一端,让他从这里开始爬到云梯的另一端。

6.在只有四五对搭档参加项目的情况下,可以让前段的搭档等爬梯者通过后,迅速跑到末端站好,这种方法可以帮你随意延长云梯。

☆安全控制:
1.要确保木棒或水管表面光滑,以避免划伤或扎伤爬梯者。
2.确保每个人都能牢牢抓住木棒,千万不能在队友经过的时候失手。
3.这是一个用来建立信任的项目,如果有人不慎失手的话,丧失的信任感将很难恢复。

☆项目分享:
1.爬梯之前你的感受如何,是否有些担心或者想放弃?
2.爬梯之后又有何感想?
3.你在云梯之上的时候是什么感受?做"梯子"的时候你有何感受?
4.你们认为大家成功完成任务的根本是什么?认识团队中建立信任的重要性。
5.爬云梯的顺序以及角色认定对团队完成任务的积极作用。
6.可以调整队形,形成一个弧形的梯子,可以把爬梯者的眼睛蒙起来(但是不要蒙住做"梯子"的队员的眼睛)。爬梯者爬到最后一个梯架时,要轻轻翻下,严禁结束动作猛烈或突然跪下。

第二节 团队融入能力训练的知识拓展

1.高效团队的特征

团队形式可以提高效率,但它也可能会让指导老师失望。幸运的是,近来一些研究揭示了与高效团队有关的主要特征:

(1) 清晰的目标

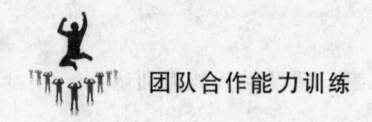

高效的团队对所要达到的目标有清楚的了解,并坚信这一目标包含着重大的意义和价值。而且,这种目标的重要性还激励着团队成员把个人目标升华到群体目标。在有效的团队中,成员愿意为团队目标作出承诺,清楚地知道希望他们做什么工作,以及他们怎样共同工作才能完成任务。

(2) 相关的技能

高效的团队是由一群有能力的成员组成的。他们具备实现理想目标所必需的技术和能力,而且相互之间有能够进行良好合作的个性品质,从而出色完成任务。后者尤其重要,但却常常被人们忽视。有精湛技术能力的人并不一定就有处理群体内关系的高超技巧,高效团队的成员则往往兼而有之。

(3) 相互的信任

成员间的相互信任是有效团队的显著特征,也就是说,每个成员对其他人的品行和能力都确信不疑。我们在日常的人际关系中都能体会到,信任这种东西是相当脆弱的,它需要花大量的时间去培养而又很容易被破坏。而且,只有信任他人才能换来被他人所信任,不信任他人只能导致不被他人信任。所以,维持群体内的相互信任,还需要引起管理层足够的重视。

组织文化和管理层的行为对形成相互信任的群体氛围很有影响。如果组织崇尚开放、诚实、协作的办事原则,同时鼓励队员的参与性和自主性,它就比较容易形成信任的环境。

(4) 一致的承诺

高效的团队成员对团队表现出高度的忠诚和承诺,为了能使群体获得成功,他们愿意去做任何事情。我们把这种忠诚和奉献称为一致的承诺。

对成功团队的研究发现,团队成员对他们的群体具有认同感,他们把自己属于该群体的身份看作自我的一个重要方面。因此,承诺一致的特征表现为对群体目标的奉献精神,愿意为实现这一目标而调动和发挥自己的最大潜能。

(5) 良好的沟通

毋庸置疑,良好的沟通是高效团队一个必不可少的特点。群体成员通过畅通的渠道来交流信息,包括各种言语和非言语信息。此外,指导老师与团队成员之间健康的信息反馈也是良好沟通的重要特征,它有助于指导老师指导团队成员的行动,消除误解。高效团队中的成员能迅速而准确地了解彼此的想法和情感。

(6) 谈判技能

以个体为基础进行训练设计时,队员的角色由训练说明、训练纪律、训练程序及其他一些正式文件明确规定。但对于高效的团队来说,其成员角色具有灵活多变性,总在不断地进行调整,这就需要成员具备充分的谈判技能。由于团队中的问题和关系时常变换,成员必须能面对和应付这种情况。

(7)恰当的指导教师

有效的指导老师能够让团队跟随自己共同度过最艰难的时期,因为他能为团队指明前途所在。他们向成员阐明变革的可能性,鼓舞团队成员的自信心,帮助他们更充分地了解自己的潜力。

优秀的指导老师不一定非得指示或控制,高效团队的指导老师往往担任的是教练和后盾的角色,他们对团队提供指导和支持,但并不试图去控制它。

这不仅适用于自我管理团队,当授权给小组成员时,它也适用于任务小组、交叉职能型的团队。对于那些习惯于传统方式的指导教师来说,这种从上司到后盾的角色变换,即从发号施令到为团队服务,实在是一种困难的转变。当前很多指导老师已开始发现这种新型的权力共享方式的好处,或通过指导老师培训逐渐意识到它的益处,但仍然有些脑筋死板、习惯于专制方式的管理者无法接受这种新概念,这些人应当尽快转换自己的老观念,否则就将被取而代之。

(8)内部支持和外部支持

支持要成为高效团队的最后一个必需条件就是它的支持环境。从内部条件来看,团队应拥有一个合理的基础结构,这包括:适当的培训,一套易于理解的用以评估队员总体绩效的测量系统,以及一个起支持作用的人力资源系统。恰当的基础结构应能支持并强化队员行为以取得高绩效水平。从外部条件来看,指导老师应给团队提供完成工作所必需的各种资源。

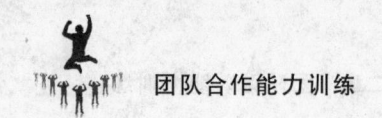

第三章　团队沟通能力训练

第一节　经典项目

项目一:驿站传书

☆项目性质:

团队合作沟通能力训练项目。

☆项目目的:

1.沟通机制的重要性。

2.学习突破思维定式,能不断地进行创新,强化对风险的意识。

3.如何灵活地面对环境的变化,同时遵守规则、规范、工作流程。

4.提高分析、解决问题的能力和决策能力。

☆场地器材:

场地:普通教室。

器材:白板、白板笔、数字卡片。

☆人员要求:

40人左右。

☆项目时间:

项目完成时间:50~60分钟

项目布课时间:10分钟

项目挑战时间:20~25分钟

回顾总结时间:20~25分钟

☆项目概述:

这是一个以团队合作为主的项目,考验团队成员如何进行有效沟通,在最短的时间内准确地完成任务。

☆项目布置:

1.所有队员嘴里不允许发出任何声音。

2.从最后一名队员依次传递到最前面的队员。

3.所有队员的肢体不能超越自己前后队友身体中心的平行线(以两肩轴为基点)。

4.指导教师在实施项目过程中监督队员传递信息的方式不可以用在下一轮。

5.所有队员严禁扭转身体以及回头。

6.最前面队员得到信息后第一时间写到白板上后不得再进行更改。

7.以信息到达最前面队员最快并且最准确的队得5分,其余以此类推。

注意事项:根据项目实施的过程中每一轮组织队员分享一次,每轮结束后团队成员利用3~5分钟时间进行讨论总结。

☆安全控制:

1.任何人不能讲话(包括有规律地发出声音)、移动。

2.不能使用纸、笔及手机短信等工具。

3.前面的人不能往后看。

4.后面的人不能把手伸到前面的人的眼前比划。

☆项目分享:

1.只有在行动的过程中不断修正自己的错误,发现更好的工作方法,才能使团队朝着完美的目标前进。

2.这个项目考验的就是全队信息传递的密切配合,如果只注意速度而不注意信息的准确性,传得再快也等于前功尽弃。

3.一个优秀的团队能很好地进行沟通,好的沟通包括清晰地发送信息和准确地接收信息两个方面。

4.揭示培训中的沟通技巧、方法的重要性。

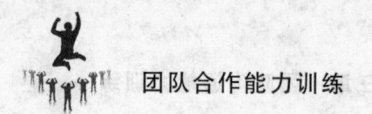

5.如何克服心理沟通障碍,及时进入角色,进行传递?

6.怎样才能进行有效沟通?沟通中最重要的环节是什么?

7.怎样才能成为一名好的传递者与接收者?

8.在日常工作、学习、生活中如何学会善于沟通?(假如给你3分钟,你怎样与客户沟通)

9.作为队员,你有没有意识到充分沟通对团队目标实现的重要意义?

10.制度规则的建立与修正。

11.怎样才能实现有效沟通,并迅速形成有效决议?

12.在行动过程中,你的博弈对手是谁?

13.在此次团队行动中,领袖的作用力体现在哪些方面?

项目二:七巧板

☆项目性质:

团队合作沟通能力训练项目。

☆项目目的:

1.培养团队成员主动沟通的意识,体验有效的沟通渠道和沟通方法。

2.强调团队的信息与资源共享,通过加强资源的合理配置来提高整体价值。

3.体会团队之间加强合作的重要性,合理处理竞争关系,实现良性循环。

4.培养开拓意识,更新产品创新观念。

5.培养队员科学系统的思维方式,增强全局观念。

6.体验不同的领导风格对于团队完成任务的影响和重要作用。

☆场地器材:

1.培训场地:A.场地版:户外一块平整场地,最小为4×4=16平方米。B.室内版:最小为 4×4＝16 平方米,可以用来进行项目。

2.培训器材:A.每组 3 把椅子或垫子,按照下图位置摆好。每个组之间距离 1.5 米,实际上 7 个组为一个正六边形的六个顶点和一个中心点。

B.5 种颜色的七巧板,共 7×5＝35 块。材料可以选择硬纸板、塑料板或者有机玻璃板。

$$1\quad 6$$

$$2\quad 7\quad 5$$

$$3\quad 4$$

制作方法:先选择五种颜色同材料的正方形,边长可以为 20cm,然后按照下图将正方形分成七块。这样五种不同颜色的正方形被分成 35 块七巧板。

C.任务书一至七各一张,共 7 张。

D.图一至图七(内容分别为:人,骑马的人,马,猫,鸟,鸭子,斧子)各一张,共 7 张。

E.按照记分表做好的大白纸一张或直接在白板上画好。

以下为七个组的任务书:

一组任务书

你们组的任务是:

1.用五种颜色的图形分别组成图一至图六,每完成一个图案将得到 10 分。

2.用同种颜色的图形组成图七,完成后将得到 20 分。

3.用三种颜色的七块图形组成一个长方形,完成后将得到 30 分。

每完成一个图案,请通知培训师,培训师确认后,将登记分数。

二组任务书

你们组的任务是:

1.用同种颜色的图形分别组成图一至图六,每完成一个图案将得到 10 分。

2.用五种颜色的图形组成图七,完成后将得到 20 分。

3.用三种颜色的七块图形组成一个长方形,完成后将得到 30 分。

每完成一个图案,请通知培训师,培训师确认后,将登记分数。

三组任务书

你们组的任务是:

1.用五种颜色的图形分别组成图一至图六,每完成一个图案将得到10分。

2.用同种颜色的图形组成图七,完成后将得到20分。

3.用三种颜色的七块图形组成一个长方形,完成后将得到30分。

每完成一个图案,请通知培训师,培训师确认后,将登记分数。

四组任务书

你们组的任务是:

1.用同种颜色的图形分别组成图一至图六,每完成一个图案将得到10分。

2.用五种颜色的图形组成图七,完成后将得到20分。

3.用三种颜色的七块图形组成一个长方形,完成后将得到30分。

每完成一个图案,请通知培训师,培训师确认后,将登记分数。

五组任务书

你们组的任务是:

1.用五种颜色的图形分别组成图一至图六,每完成一个图案将得到10分。

2.用同种颜色的图形组成图七,完成后将得到20分。

3.用三种颜色的七块图形组成一个长方形,完成后将得到30分。

每完成一个图案,请通知培训师,培训师确认后,将登记分数。

六组任务书

你们组的任务是:

1.用同种颜色的图形分别组成图一至图六,每完成一个图案将得到10分。

2.用五种颜色的图形组成图七,完成后将得到20分。

3.用三种颜色的七块图形组成一个长方形,完成后将得到30分。

每完成一个图案,请通知培训师,培训师确认后,将登记分数。

七组任务书

你们组的任务是:

1.领导团队在规定时间内完成任务,达到1000分的目标。

2.指挥其他各组成员,用所有的35块图形组成5个正方形,每个正方形必须由同种颜色的7块图形组成。每完成一个正方形,你将得到20分,组成正方形的那个组将得到40分。

3.支持其他各组成员,在规定时间内得到更多的分数,其他各组总分的10%将作为你的加分奖励。

七巧板记分表和说明：

队名：(　　　　　　)

	图一	图二	图三	图四	图五	图六	图七	图八	图九	总分
一组										
二组										
三组										
四组										
五组										
六组										
七组										

记分表说明：

1.记分表要在培训前在大白纸或白板上画好。

2.项目进行过程中，培训师得到学员组好图形的示意后，确认学员的组号和所组的图形，然后把相应的得分记在记分表的相应位置。记分表第一行标的一至七分别对应图一至图七，八对应的是周围六组组的长方形，九对应的是周围六组组的正方形。第七组的第一个格记录的分数为周围六组总分的10%，第二个格记录的是周围六组组成的正方形数乘以5后的分数。注意，正方形只有五个有分，所以周围六组肯定有一组没有正方形的分数。

3.最后把团队总分算好，如果达到1000分，宣布项目成功，没有达到则项目失败。根据任务书的记分规则，如果所有图形在规定的时间内都组好了，总分应该是1046分。

☆人员要求：

28人左右。

☆项目时间：

项目完成时间：80～90分钟

项目布课时间：10分钟

项目挑战时间：35～40分钟

回顾总结时间：35～40分钟

☆项目概述：

一个团队分成7个工作组，模拟组织中不同部门或者各个分支机构，通过团

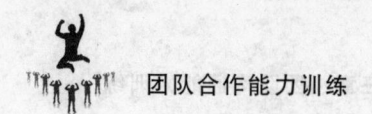

队完成一系列复杂的任务,体验沟通、团队合作、信息共享、资源配置、创新观念、高效思维、领导风格、科学决策等管理主题,系统整合团队。七巧板为培训道具,变幻无穷,寓教于乐,带给队员无限体验的空间。

☆项目布置:

1. 把团队成员分为7个组。

2. 把7个组成员分别带到摆好的椅子坐好。宣布7组的编号。

3. 向所有成员宣布:这个项目叫"七巧板"。大家所坐的椅子是不得移动的。在项目进行过程中,所有人的身体不得离开所坐的椅子。所有七巧板和任务书只能由第7组传递。任务写在任务书上,完成任务则会有积分。全队在规定的40分钟内,总分达到1000分(最高总分是1046分),团队才算项目成功。

4. 把混在一起的35块七巧板随机发给7个组,每组5块。提醒队员在项目中使用七巧板时注意安全,只能用手传递,严禁抛扔。

5. 然后将图一至图七按顺序发给7个组,最后将任务书一至七按顺序发给7个组。

6. 向所有成员宣布:现在项目40分钟计时开始,请大家遵守规则,注意安全。

☆安全控制:

1. 由于七巧板有尖锐的角,传递时绝对不可以运用抛接方式。

2. 不允许有争抢和撕扯动作,活动过程中请注意使用合适的沟通语言。

3. 避免学员发生冲突,合理使用拓展训练的调停技术。

4. 注意要求队员不得移动椅子和身体不得离开所在的椅子。

5. 队员组好图形后,请确认图形,符合要求的则在计分表上计分。

6. 项目时间到40分钟时,结束项目,计算各组分数和团队总分。

7. 计分完毕,收回所有35块七巧板。

8. 回顾结束后,收回7张任务书和7张图。

☆项目分享:

1. 大家对自己的结果是否满意?哪些地方造成了不满意的结果?或者哪些方面使团队获得了满意的结果?

2. 感觉什么时候意识到大家必须合作才能完成任务的?意识到之后又是如何传递给其他小组成员的?

3. 如果合作不成功,是因为哪些方面的因素?是信任还是领导者方面?可以逐一分析。

4. 在有限的资源情况下,如何才能够获得他人的帮助?

5. 聆听是否也是关键的一部分？大家都在吵吵嚷嚷的时候能够作出合理的团队决策吗？

6. 利益最大化应该如何考虑？是个体的最大化还是团队的最大化？个体与团队之间发生冲突时应该如何解决？

7. 本项目经常造成激烈火爆的场面，每个人都在不停地叫喊、诱惑他人，但既没有人组织又没有主动付出的思想，往往耗时大半，除了嗓子变得发干之外，什么都没有完成。

8. 顾名思义，七巧板是由7块板子来组成各种各样的图案，而每组5块板子绝对不可能完成所有任务，当我们需要利用其他人的资源时，要达到对双方都有利的合作协议，才可能成功。

9. 在项目设计中，处于中心位置的小组起着关键作用，但他们往往显得很无力，因为组织能力不是简单说说就可以达到的。占据主动的位置，以高超的沟通技巧来说服他人，合理解决各方面的利益冲突也是必不可少的。

10. 讨论回顾中注意提醒学员进行有意识的思维拓展，资源共享、大团队意识和大局观、信用制度、创造性思维等。

11. 沟通在合作中显得尤其重要，当个体无法完成任务时，主动沟通打破僵局显得尤其重要，这也是本项目的唯一解决办法。

12. 本项目对于处在激烈竞争的学员，会提供更多的警醒，因为他们往往会受利益所惑，难以看清整个局面。对于这类学员，在总结中多鼓励他们发言、谈感受，从分数上刺激他们的感悟。

项目三：盲人方阵

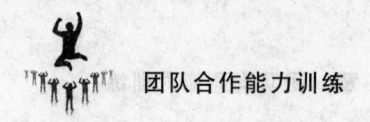

☆项目性质:

团队合作沟通能力训练项目。

☆项目目的:

1. 感受特殊情境下完成任务的合作方式。

2. 了解团队领导人的领导风格对完成任务的影响和重要作用。

3. 使队员理解角色定位及尽职尽责地完成本职工作的重要性。

4. 理解"失与得"的辩证关系。

5. 培养团队成员的沟通意识,提高沟通技巧和决策能力。

6. 培养队员科学的思维方式和对知识的运用能力。

☆场地器材:

场地:一块平整的场地。

器材:30个眼罩,25米长的绳子一根。

☆人员要求:

20人左右。

☆项目时间:

项目完成时间:40～50分钟

项目布课时间:5分钟

项目挑战时间:20～25分钟

回顾总结时间:15～20分钟

☆项目概述:

这个项目的名称叫盲人方阵,也叫黑夜协作,这是一个以团队挑战为主的项目。

☆项目布置:

1. 为了真实地表现情境,所有人现在戴上一个眼罩。为了使我们的活动有价值,必须确认完全不能看到亮光。

2. 现在我向大家介绍你们的任务,在你们附近不超过5米的范围内有一堆(捆)绳子,在我宣布开始后把它找到,并在40分钟内,把它围成一个最大的正方形,组好后,所有人相对均匀地分布在这个正方形的四条边上。

3. 你们所做的这个正方形是一件价格极高的产品,其他许多队伍也做了同样的正方形,你们要和他们一起竞标,并以足够的理由证明产品的优势。

4. 整个活动中任何人不得摘去眼罩,戴上眼罩后应将双手放置身前,不得背手行走,严禁蹲坐在地上。

5.当你们确认提前完成后,将绳踩在脚下,并通知教师,得到准许后才可以按照教师的要求摘下眼罩。

☆**安全控制:**

1.要求地面平整,周围没有障碍物,以保证队员的安全。

2.队员戴上眼罩后应将双手放置于胸前,不得背手行走,严禁队员蹲坐在地上。

3.不要让绳子绊倒队员,不要猛烈甩动绳子以免打到队员面部。

4.及时阻止队员向不安全地带移动。

5.提醒队员摘下眼罩时背对阳光,先闭一会再慢慢睁开眼睛。

6.尽量避免在夏季烈日下或其他恶劣天气下进行此项目的训练。

☆**项目分享:**

1.对队员顺利完成任务时给予肯定或鼓励;队员回顾完成情况,由于比较激动,教师要帮助协调发言顺序,争取让每个队员有机会发言。

2.你有没有碰到过类似的情况:因为团队中某一队员弄不清楚他的队友在做的事情而导致整件事情无法协调?

3.不知道自己的行为(或其他人的行为)有什么样的影响,这是一种什么样的感觉?

4.这个项目中最棘手的部分是什么?你们是如何处理这个棘手问题的?

5.有没有一个计划?每个人都清楚这个计划吗?每个人都支持这个计划吗?

6.队员回顾完成正方形的方法,怎样确认正方形:四边长相等、四角成直角、对角线相等。他们是怎样操作的,模糊的变量来量边长是不可取的方法,比如拉成四边形用脚步量,相对来说,用手臂量的理念已比较接近,只有用定量来衡量是相对精确的方法,如对折。联系生活比如评优评奖,用业绩判断还是用"感觉"判断更有说服力?

7.队员在摘去眼罩后会觉得眼前的"方阵"没有之前感觉得那么大,这与心理学中人在相对不安的情况下更希望靠近一样,这可以和生活中许多情况相联系。

8.怎样用不擅长的沟通方式来表达或接收信息,如有些人在活动中提出正确的方法却没人注意,自己也就不再表达了。

9.民主讨论与决策,个体决策与群体决策,可以简单介绍群体决策所做的实验方法。

10.合理分工,四个人梳理绳子、组方阵,其他人想办法制订方案、确定检测方法。

11.领导(队长)合理授权给"专家",并维护"专家"的领导,确保任务完成。

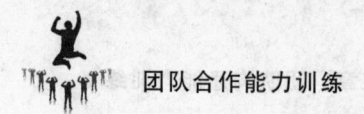

12. 暂时的放弃是一种勇气，也是为了长久的收益，可以引入"缺勤理论"，有把握者可以联系到"下岗政策"。

13. 拥有的知识只有运用才能转化成有用的能力，如确认四边形的方法，简单的知识但在完成任务中有时就想不到。

14. 可以让队员复述教师布置的任务，并让大家介绍自己的产品优势，在现有的条件下自己做的是最好的。

15. 对当时出现的其他情况进行应变分析与联系，如在四角的人是否能够始终握住绳角位置不松手、坚守自己的岗位等。

项目四：移花接木

☆项目性质：
团队合作沟通能力训练项目。

☆项目目的：
1. 通过挑战，懂得合理突破本能的重要意义。
2. 活跃集体气氛、增加团队凝聚力。
3. 培养有计划、有组织、有开拓创新精神的团队，培养队员换位思考的意识。

☆场地器材：
场地：专项训练设施；
器材：在4米高的柱子上分别套有红色、黄色和蓝色轮胎各3个。

☆人员要求：
20～30人。

☆项目时间：

项目完成时间：40分钟

项目布课时间：5分钟

项目挑战时间：20分钟

回顾总结时间：15分钟

☆项目概述：

这是一个经过大家讨论，利用集体的智慧和力量，在团队所有成员的共同努力下协作完成的小组挑战类项目。

☆项目布置：

1.召集队员到场地，把所有队员按男女比例平均分成3组，宣布项目内容及要求。

2.进行情景导入，让队员感受活动的紧迫性。

3.规定在40分钟内按老师要求完成轮胎的取出、运送、重新排列和组合套进工作，否则视为团队未成功。

☆安全控制：

1.所有人员都要摘除戴、装的一切硬物，如手表、眼镜、钥匙等。

2.如果搭人墙取或套轮胎时，要做到防患于未然。

3.取出轮胎后必须递给下面的同伴，不得往上、往外抢轮胎，否则算犯规。

4.队员保护帮助时要注意力的方向，活动中时刻注意安全。

☆项目分享：

1.对完成任务并帮助其他组的队员进行表扬。

2.对"团结就是力量"这句话进行再认识。

3.请踩在别人肩上取轮胎的队员谈谈感受并给予掌声。

4.请在地上替人做木桩的队员谈谈感受并给予掌声。

5.再一次祝贺大家完成此项目，对他们的团结精神给予提升，并希望这种精神在平时的学习、生活、工作中得到迁移。

项目五：官兵捉贼

☆项目性质：

团队合作沟通能力训练项目。

☆项目目的：

1.锻炼判断力和鉴别力。

2.团队的沟通能力和决策能力。

3.通过项目调整心态的能力。

4.学会观察表情推测结果。

☆场地器材：

无。

☆人员要求：

12~16人。

☆项目时间：

项目完成时间：50~60分钟

项目布课时间：5分钟

项目挑战时间：25~30分钟

回顾总结时间：20~25分钟

☆项目概述：

1.大家一定还记得小时候玩过的"官兵捉贼"游戏,这是一个我们儿时最喜欢玩的。"官兵捉贼"共演一台戏,每一个人都有机会担当不同的角色,如何扮演好这个角色是活动中锻炼能力的重要部分。

2.在4张小纸条上分别写着"官""兵""捉""贼"的字样。将4张纸折叠起来,参加项目的4个人分别抽出一张。抽到"捉"字的人要根据其他3个人的面部表情来猜出谁拿的是"贼"字,猜错的要罚,抽到"官"字的人决定如何惩罚,由抽到"兵"字的人执行。

3.现在我们把4个人分别变成4个组,每组不要超过8个人,规则不变,只是"捉"的组每一次选择必须是小组的最后决定,其他3个组每次可以找人表白自己不是"贼",体验几次。

☆项目布置：

1.将大家分成4个组。

2.拿出"官""兵""捉""贼"角色卡,并告知这只是一个项目活动。

3.介绍规则：每一轮各组抓阄,然后将自己小组的角色保密。抓到"捉"的小组亮出角色卡。

4.通过对自己小组的沟通和观察,作出评价。

5.和每个小组进行一次交流,并且猜测一次,然后作出最后的确认。

6.选择正确,"贼"表演节目一次；选择错误则有两种结果：一种是错选"兵"为"贼",则由"捉"表演节目；如果错选了"官"为"贼",则由"官"决定处罚,并由"兵"

来监督或者执行。

7. 一般进行5~10轮，尽量能够让各组有机会体验不同角色。

☆安全控制：

1. 强调项目本身的锻炼价值，确保队员的心理安全，不要产生角色标签。

2. 活动中的某些细节不得在项目结束后当作笑柄传播。

3. 在熟悉玩法后，可以提醒"捉"的队员仔细观察其他各组中每一个队员的表情和心理变化，锻炼观察能力。

4. 提示队员辩论和表演都是一种技巧，和真理、良知、人性本身不能画等号，我们锻炼能力是为了提高沟通和鉴别能力。

☆项目分享：

1. 抽到不同的字，心态有什么变化？

2. 内部沟通和讨论决策时你的表现怎样？

3. 判断出现正误后你的表现怎样？

4. 怎样对待和你意见不同的同伴？

5. 活动中不要让纸条出现记号。

6. 可以多组一起做，找人沟通并找出各自想要捉的目标。

7. 处罚提前确认，不应该把处罚当作重点。

8. 争取每组都做过不同角色后结束。

第二节 团队沟通能力训练的知识拓展

1. 沟通在团队中的作用

就团队管理而言，在团队成员之间如果不相互传递信息，团队就无法共同协作，这样团队也就不能存在。沟通的意义不只是信息的传递，还在于信息得到理解，达成共识，这样的沟通才是有效的沟通。随着团队成员的多样化，他们之间也会有更多的差异，这样，也就更加需要团队成员之间进行有效的沟通。

开诚布公地进行交流和沟通是团队合作中最重要的环节。人与人之间遮遮掩掩、言不由衷甚至挑拨是非的做法都会严重破坏团队中的工作氛围，阻碍团队成员间的正常交流，并最终导致项目失败。通过有效沟通，可以有效防止团队内部成员之间以及领导与成员之间由于文化语境的差异而带来的矛盾和冲突，从而维护团队成员的目标一致性。

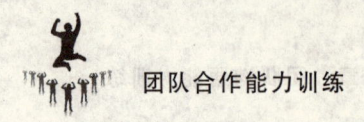

2.沟通的方式

沟通的方式是人们在沟通时所采用的渠道、方法和媒介。

(1)语言沟通:语言沟通是指导人们用口头或书面的表达方式来进行信息传递和交流的方式。其中口头沟通包括交谈、座谈、会议、演讲、谈判等。这种沟通类型有快速传递和反馈、信息量大、双方可自由讨论等优点。书面沟通则是用书面文字作为信息传递媒介的沟通方式。如通知、通告、简历、合同、方案、会议记录等,它具有准确、内容可保存等许多优点。美国组织行为学家戴尔通过在美国一家公司进行测验后,对数据进行比较研究后认为:效果最好的沟通方式为口头和文字混用的沟通方式,其次是口头沟通,再次是书面沟通。

戴尔的三种沟通方式测验效果数据比较图

沟通方式	员工人数	平均测验分数
口头、书面混合	102	7.70
口头	94	6.17
书面	109	4.91

(2)非语言沟通:在日常工作中,我们也都在自觉或不自觉地使用各种非语言沟通方式,如身体语言等来代替有声语言,进行信息的传递和交流。非语言沟通作为沟通活动的一部分,在完成信息准确传递的过程中起着重要的作用。据研究,在沟通中,55%的信息是通过面部表情、形体姿态和手势传递的。非语言沟通在交际活动中的作用是丰富多彩的,它能使有声语言表达得更生动、更形象,也能更真实地体现传递者的心理活动状态。另外,许多用有声语言所不能传递的信息,通过非语言沟通却可以有效地传递。

(3)电子媒介沟通:在许多组织,电子沟通已成为最快捷且最流行的沟通方式。它是即时性的,而且可能会极其有效。随着网络技术的发展,电子沟通越来越便捷且成本越来越低,并已极大地改变了当今组织和团队的沟通模式,如电子邮件、即时聊天邮件(QQ、MSN、飞信等)、电话和网络会议等,已成为团队间沟通的重要内容,并已影响到人们的工作习惯。

3.沟通的原则

(1)及时与同步性原则

及时与同步性原则是指沟通的双方或者多方应当及时并同步全部进入沟通系统和沟通角色。沟通必须是双向的交流过程,而不应当是单向或其中一方信息处于封闭或半封闭状态,是双方处于平等交流地位的沟通,而不是一方强迫另一方接受自己的信息,或人为地拒绝接受对方的信息。沟通各方均应及时、同步地作出反应,充分把握对方所传达信息的意义。当沟通双方或多方处于相距遥远的两个或多个地点,所进行沟通的信息发送与接受存在时间差异的时候,及时与同步性就有可能会因为缺乏现场交流而受到严重威胁,沟通的双方或多方应该适时进入角色,相互进行信息传递与反馈。

(2)准确与简洁性原则

准确与简洁性原则必须是指沟通的双方或多方将沟通的各项事宜,如渠道的结构,沟通的时间要求、地点要求、内容要求、频率要求等等,进行准确、清晰地明示,要尽量避免含糊不清。其目的在于使全体沟通成员准确理解组织所期望的团队沟通要求,明白他们在沟通中担当的角色,即他们所应当履行的沟通职责和义务,从而最大限度地排除沟通成员对沟通要求的模糊认识和误解,保证团队沟通能够顺畅高效地进行,顺利达到预期目标,这要求团队指导教师与成员修炼和提高准确分辨、总结、表达、传递管理信息的能力。沟通尽量做到言简意赅、深入浅出,便于信息接受者准确把握自己所传递信息的真实内在意义。

(3)透明与公开性原则

透明与公开性原则是指在团队沟通过程中,沟通的方式、方法和渠道及其沟通的信息要求必须透明、公开,即应当对参与沟通的个人和团队、部门都全面公开,只有所有的团队沟通成员都十分清楚地知道自己应该参与沟通的详细过程和要求,沟通成员间才能遵循规则,产生正确、完整、有效的沟通行为。

(4)效益与效率原则

团队沟通活动应当追求效益与效率。效益与效率体现在沟通的各个要素与环节上,如编码、发送、渠道、接受、解码都有效益与效率的要求,以利于团队降低经营和管理成本,更快捷地达成团队的目标。

4.沟通的技巧

沟通是计划、组织、领导和控制等各项团队管理职能得以实施和完成的基础。沟通如果能够迅速达成共识并执行,能降低团队运行成本,沟通的有效性有赖于沟通技巧。沟通是一门艺术,也是一名卓越团队领导者不可或缺的能力。下面介绍沟通中的一些实用技巧。

(1)积极倾听

积极倾听是真正主动参与沟通、聚集讲话者的需要,把注意力从自己转移至讲话者,不带偏见,不作预先判断,使讲话者从你的参与中受到鼓励。

人的大脑容量能接受的说话速度是一般人说话速度的6倍,这使得倾听时大脑有相当多的时间闲置未用。积极的倾听者会精力非常集中地听说话人所说的内容,并关闭了其他成百上千混杂在一起、容易分散注意力的念头。

通过发展与发送者的移情,也就是让自己处于发送者的位置,可以提高积极倾听的效果。不同的发送者在态度、兴趣、需求和期望方面各有不同,因此,移情更易于理解信息的真正内涵。为了做到这一点,我们需要让倾听者告诉我们发生了什么,然后去鼓励他找出解决问题的办法。

(2)积极反馈

很多沟通问题是由于误解或表达不准确而直接造成的。如果沟通双方在沟通过程中运用反馈回路,则会减少这些问题的发生。反馈必须清楚、完整,还应具体化,最好的办法是接受者用自己的话复述信息。积极的反馈几乎总是会被接受的。

(3)抑制情绪

负面的情绪使信息的传递严重受阻或失真。当信息发送者对某事失望时,很可能会对所接受的信息发生误解,并在表述信息时不够清晰和准确。最简单的办法就是暂停进一步的沟通,直到恢复平静。

由于不恰当的语言可能阻碍良好的沟通,因此沟通双方应该注意措辞并合理组织信息,以使信息清楚明确,易于沟通和理解。另外,沟通的一方还要考虑到信息所指向的听众,以使所用的语言适合于接受者。有效的沟通不仅需要信息的被接收,而且需要信息的被理解。通过简化语言并注意使用与听众一致的言语方式可以提高理解效果。

(4)注意非语言符号

非语言沟通作为沟通活动的一部分,在完成信息准确传递的过程中起着重要的作用。行动比语言更明确,因此我们必须注意行动,确保它们和语言相匹配并起到强化语言的作用。非语言信息在沟通中占据很大比重,因此,有效的沟通十分注意自己的非语言符号,保证它们也同样传达了所期望的信息。据研究,在沟通中,55%的信息是通过面部表情、形体姿态和手势传递的。

中国是一个重人情、讲礼仪的国度,言语表达讲究委婉、含蓄,很多时候需要探究弦外之音、言外之意。

(5)建立和谐的人际关系

团队内部的人际关系是做好团队沟通的一项基本要求,人际关系的好坏直接决定了团队的沟通效率。一个人获得成功的因素中,85%决定于人际关系,而知识、技术、经验等因素仅占15%。大学毕业生中人际关系处理得好的人平均年薪比优等生高15%,比普通生高出33%。

要学会从内心深处去尊重他人,客观地评价别人,能找出他人的优点。你会发现你的亲人、朋友、同事、上司或下属身上都有令你佩服、值得你尊重的闪光之处。你会发自内心地去欣赏和赞美他们,你会在行为上以他们为榜样去模仿他们。这时你就会发自内心地去尊重和欣赏他人,你就达到了处理人际关系的理想境界。换个角度想,若有人对你有发自内心、毫不虚假的欣赏和尊重,你肯定会由衷地喜欢他们并与他们真诚相待。健康和谐的人际关系是那些获得巨大成功的人的坚实基础。

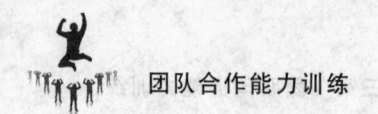

第四章　团队培育能力训练

第一节　经典项目

项目一：模拟电网

☆项目性质：

团队合作培育能力训练项目。

☆项目目的：

1. 培养队员合理计划、有效组织、统一行动的意识。
2. 认识合理分工的重要性。
3. 培养团队的科学决策方法。
4. 锻炼团队分析解决问题的能力，学会克服看似难以解决的问题。
5. 增强队员对资源的配置能力，考察团队时间管理、资源管理能力。
6. 培养队员严谨细致的工作作风。
7. 感受面对困难时，应有的态度和做事方式。
8. 摆正个人在团队中的位置（角色定位）。

☆场地器材：

场地：专项训练场地设施。

器材：1.用螺栓或绳子在两棵树上做出8个固定点,每棵树上4个点,最低固定点距离地面约20厘米,同一棵树上的固定点间距为70厘米。这样最高固定点距离地面约为2.3米。

2.固定点做好后,利用固定点来测量编织电网边框所需的尼龙绳的长度。

尼龙绳的长度＝(两棵树的间距＋最高固定点与最低固定点之间的距离)×2

在编织边框之前,最好先在尼龙绳上打出绳结。绳结的做法是从尼龙绳的一端开始,每隔10～15厘米打一个结。打绳结的作用是阻止内部网线的任意滑动。

3.编织电网的边框。具体做法如下:从树1开始,把尼龙绳的一端系在树1的最低固定点上;用绳子由下至上穿过树1的其他三个固定点,到达最高固定点;把绳子从树1的最高固定点拉到树2的最高固定点;用绳子从上到下穿过树2的四个固定点,到达最低固定点;把绳子从树2的最低固定点拉回到树1的最低固定点;拉紧绳子,形成一个长方形,把绳子的剩余部分固定在树1的最低固定点上。

4.编织电网的内部。从边框的一个角落开始,编成一张网。注意要在网上编出适量的足够大的网洞,以便项目开始时队员们能够从中钻过去。

5.网编完之后,在网上放上一只小铃铛。小铃铛可以充当警报器,报告大家有人触网。

6.蒙眼布,蒙眼睛用。

☆人员要求：

人数不限,人数较多时,需要将队员划分成若干个由8～20个人组成的小组。

☆项目时间：

项目完成时间:80～90分钟

项目布课时间:10分钟

项目挑战时间:35～40分钟

回顾总结时间:35～40分钟

☆项目概述：

一个团队站在网绳的一面,通过数量有限、大小不一的网口,在不能触网的规则下,通过网口将团队所有人员输送到网的另一面。

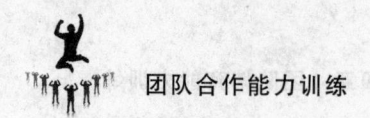

☆项目布置：

1.将参加项目者分成若干个由8~20个人组成的小组。

2.开始正式做项目之前,根据人数检查和封闭多余的网洞,留洞原则＝人数＋1。

3.指导教师在封网洞时,动作要轻,态度要严肃,忌手碰网洞边框绳。

4.封网洞的挂件,不要随意取放,更不要揣在兜里。

5.活动初期,要严格进行规则监督,尤其是对触网情况的监督,以提高队员的严肃性和警惕性。

6.指导教师始终要注意站位,保持在人少的一边,腾出双手时刻做好保护准备。

7.随着活动的顺利进行,团队成员进入状态后,在强调保持规范动作的同时可视情况适当放松尺度。

8.当团队顺利完成第一个比较困难的成员穿越时,指导教师应该用"漂亮"、"好"等话语进行鼓励。

9.适当的时候可以使用技术提示,如脱衣服、脱鞋、扎头发等。

10.注意保护队员的安全,坚决制止违反安全规则的动作和行为。

11.留心观察每个队员的表现(包括语言、行为、表情、时间、结果等),便于进行绩效评价和比较。

12.对项目过程中完成难度最大的穿越进行鼓励和表扬,使队员始终保持高昂的士气。

13.在项目进行中,要保持对团队每个成员的每个动作的高度关注,尽量近距离进行观察和监督。

14.致项目开场白。开场白如下：

①奥斯威辛集中营是德国纳粹在第二次世界大战期间修建的1000多座集中营中最大的一座。由于有上百万人在这里被德国法西斯杀害,它又被称为"死亡工厂"。你们是关押在这座集中营中的囚犯,你们决心从纳粹的魔爪中逃脱,但是你们逃脱时必须经过一个电网。电网上有万伏高压电,不能触动。

②你们小组陷在一片原始森林之中。走出森林的唯一出路被一个巨大的蜘蛛网封锁了,你们必须从蜘蛛网中钻过去(不能绕过去,也不能从网的上面或下面过去)。值得庆幸的是,蜘蛛目前正在睡觉。但是非常不幸,蜘蛛很容易被惊醒。在穿越蜘蛛网的过程中,任何人一旦碰到蜘蛛网,不论轻重,蜘蛛都会立刻被惊醒,并扑过来咬人,其结果是造成正在穿越的人和已经过去的人立刻双目失明。

另外,每个网洞只能用一次,即不同的人必须从不同的网洞穿越过去。

15. 成绩判定:用时越短,成绩越好。

16. 规则:

项目操作正式开始计时后,任何队员身体的任何部位、服装、物品都不能触碰到绳网,否则将被判犯规,正在通过和已经通过的队员将全部退回,不停表重新开始。

每一个网洞只能允许一个队员通过,通过之后此洞将被封闭,不能再被其他队员使用(如退回重新开始,则网孔也重新开放)。

未通过的队员不允许绕到绳网对面,已通过的队员不允许返回到绳网对面。

如变通后网洞封闭过多,对队员进行激励,可以做 50 个俯卧撑成交一个网洞。

计时从规则宣布完毕开始,至最后一名队员通过绳网结束。

☆安全控制:

1. 要求队员把身上所有硬质物品放在旁边安全的地方。

2. 不允许蹲跃。

3. 女队员在通过时,避免队员面朝下,面应该朝上。

4. 抬人时要先抬头再抬臀后抬脚,队员被托起后,任何情况下不得将其抛起或松手,放下时先放脚,待其站稳后其他人才可以松手。

5. 当有队员抬人过程中坚持不住,需要大声警示,并坚持 5 秒以上。

6. 电网项目过程中严禁戏耍。

7. 讲解穿越过程中的安全事项时要提醒轻拿轻放原则。

8. 放人时要先放脚再放臀后放头。

9. 检查场地是否有尖锐物体,确认绳网与立柱牢固可靠。

10. 注意不要让项目者从网洞中跌落下去。

11. 项目进行时要制止队员的危险动作(特别是托举过程)。

12. 队员到达场地以后,严禁擅自尝试项目,否则场面较乱,会影响队员心态和培训效果。

☆项目分享:

1. 有很多事靠个人的力量根本无法完成,必须依靠集体的力量协同配合,这就是组建团队的意义和价值。一个团队成立时,一定要建立强有力的组织指挥体系,进行合理的分工和协作,才能保证团队工作有序地开展。

2. 大小不一的电网格子,有的非常小,象征着不同的环境和艰难的条件。项

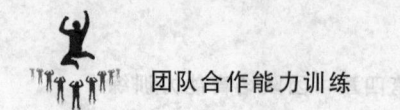

目就像是一个社会竞争,不要试图轻易改变项目规则或者社会环境,唯一能做的就是在最短的时间内适应环境。同时,项目的规则会不断改变,犹如社会环境和竞争环境在改变。竞争是一个不断学习、改进的过程,需要不断寻找它的突破点。

3. 大的格子非常有限,我们不能让瘦小的女生占用大格子,必须留给身材高大的同伴。这说明资源是有限的,必须学会合理分配。因此,任何一项工作开始之前,指导老师要审时度势,根据实际条件和资源,统筹计划,合理安排。

4. 团队中虽然各有分工,但是所有人都对结果和最终的绩效负有责任。任何一个工序的失误,都可能导致"触电",团队的成果将前功尽弃、毁于一旦。我们在"抱、抬、托、举"的时候,都必须留意一下其他同伴的动作,团队所有成员都必须在相互协作中善意提醒、彼此关注。

5. 每托起一个同伴,我们都要小心翼翼,凝神屏气。工作中,我们不正是需要这种严谨、认真、负责的态度吗?

6. 一个人的成功不能代表整个团队的成功,只有团队成员群策群力、鼎力相助,才能最终完成团队的目标。

项目二:卓越圈

☆项目性质:
团队合作培育能力训练项目。

☆项目目的:
1. 体现团队成员之间的相互合作精神;勤于思考,勇于创新,总结规律。
2. 强化学员不断进取、勇于探索的意识,同时培养学员坚定的信念。
3. 强调标准的遵守对于提升执行力的重要作用。

4.提升团队当中领导者的管理水平以及及时处理问题的能力。

5.加强团队成员的责任感,让队员明白现实竞争的残酷性,感受成功的喜悦。

☆场地器材:

场地:室内、室外均可。

器材:1.5米长绳3根、秒表3只、白板、白板笔。

☆人员要求:每组人数12~20人为宜。

☆项目时间:

项目完成时间:120分钟

项目布课时间:20分钟

项目挑战时间:50分钟

回顾总结时间:50分钟

☆项目概述:

每个队的所有队员都要通过一个绳圈,以时间最短的为胜利者;胜利的队伍接受失败队伍祝贺,失败队员由队长带领接受惩罚。

☆项目布置:

1.宣导:项目有一定难度和强度,身体不合适者可以申请退出。但退出者不能离开场地,要在场边加油,感受气氛。

2.分组:每组15人左右,要求人数必须相同。

3.推选领袖:要求身体强壮、有责任心,愿意与团队荣辱与共、共同承担风雨,男性为宜(此时可能会出现多人竞选或者无人竞选,指导教师按照现场情况应变)。

4.起队名:给予一定时间限制,要求每人熟记队名,让队员重视,增强向心力。

5.共同宣言:各小组领袖对全队宣誓:不管发生什么,一切责任由他们承担!我们全体队员对领袖宣誓:我们尽全部力量尽我们的责任!

6.宣导规则:四次PK,每次最快一组胜出,其他两组领袖接受惩罚,惩罚为做俯卧撑,第一次做10个,第二次做20个,第三次做40个,第四次做60个。领袖不参加比赛。

7.第一次准备(10分钟):不教授任何方法,各组自己摸索方法。

8.第一次比赛:每组有指导教师计时、监督,保证没人通过绳索。最快的团队胜出。

9.第一轮惩罚:失利一方向胜利一方鞠躬并说向你学习!胜利一方向对方说

不客气。落后的两个团队领袖做俯卧撑。此时大家可能还没有重视,有嘻嘻哈哈看热闹的,要求必须安静地看着自己的领袖受惩罚,如果有嬉闹的,加罚领袖10个俯卧撑。

10. 第二轮准备8分钟:各组开始改进方法,指导教师不做指点,速度肯定会加快。

11. 第二轮比赛:参照第一次规则。

12. 第二轮惩罚:惩罚20次俯卧撑,规则同上。

13. 第三轮准备8分钟:此时大家已经开始紧张,指导教师可以稍作指点(技巧见后)。

14. 第三轮比赛:参照前面规则。

15. 第三轮惩罚:罚做40次俯卧撑,此时会有领袖坚持不下来,鼓励加激励,此时可以说些感性的话,比如"我们的领袖是为了团队的责任在受罚,如果你不忍心,你不可以替他受罚,但你可以与他一起承担"等。

16. 第四轮准备6分钟:此时现场非常紧张,指导教师可以详细指点。

17. 第四轮比赛:参照前面规则。

18. 第四轮惩罚:最后一名团队罚做60次俯卧撑,此时场面非常艰难,主持人要注意控制场面,增加感性话语,如果实在坚持不下来也可以让组员扶着做,让组员感受到因为自己的不尽力而让领袖承担了后果。

19. 及时总结。

20. 采访领袖和队员。

☆**安全控制**:

1. 指导教师注意控场。

2. 要求队员把身上所有硬质物品放在旁边安全的地方。

3. 队员过绳时,由于速度比较快,应防止被绳绊倒受伤。

☆**项目分享**:

1. 肯定优秀组,赞美表现突出的个人和团队合作、坚持的精神,从活动前学员对规则的聆听、把握,对示范的观察、目标的制订、提前的练习度、策略的制订,活动中相互的鼓励、调整、坚持,回馈学员的表现。

2. 快速通过方法:队员要靠在一起,距离适中;拿绳的两个人移动并换人迅速,第一队员从下往上,第二队员从上往下,且双数队员过绳时快速跳跃。

3. 让每位队长及队员谈谈自己对本项目的感悟,并说出自己的见解。

项目三:卧式传递

☆项目性质:

团队合作培育能力训练项目。

☆项目目的:

1. 活跃集体的气氛,增强团队的凝聚力。
2. 增强大家相互信任、理解和相互合作的团队精神。
3. 通过身体的接触来实现大家感情上的沟通。
4. 培养队员的责任感。
5. 增强团队合作精神,培养人际信任感。
6. 锻炼身体协调、平衡能力。

☆场地器材:

场地:一块平整的草地。

器材:三块长形垫子。

☆人员要求:

10人以上。

☆项目时间:

项目完成时间:40~50分钟

项目布课时间:10分钟

项目挑战时间:15~20分钟

回顾总结时间:15~20分钟

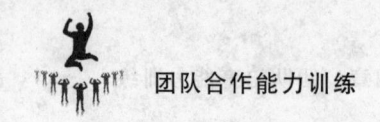

☆项目概述：

这是一个培养团队队员间的相互信任和对同伴有高度责任心的合作项目，让一个人不可能实现的目标，通过团队合力变成现实。

☆项目布置：

把小组分成两排，背对背站好，然后平躺在垫子上，双手向上举起，两手之间要有一定的距离，所有队员要肩挨肩，并且肩膀要在一条直线上。一个队员身体绷直，由老师保护平躺在队员的手上，躺在垫子上的队员要用自己的双手把上面的队员从队伍的一侧平托举到队伍的另一侧放下，然后再从下一个队员开始，直到所有的队员都被托举一遍为止。

☆安全控制：

1.大家必须集中精力。

2.要求队员肩并肩，并且肩膀在一条直线上，手臂伸直。

3.摘下眼镜、项链、钥匙等硬物。

4.被传递的队员身体绷直，始端与末端需有人保护和接应。

5.传递过程中有一人跟随保护。

☆项目分享：

1.通过大家的合作完成一件令人高兴的事情，体会那种兴奋的心情。

2.通过身体的接触来与同伴进行感情上的沟通。

3.让队员认识到：自己在帮助别人的时候有可能也正需要别人的帮助。

4.合作意味着相互之间的奉献。

第二节 团队培育能力训练的知识拓展

1.合理分配资源

在一个组织当中经常碰到各个部门之间争夺资源的情况。如果一个部门占用太多的资源，就会导致其他部门甚至整个组织的资源紧缺，就如同在电网中一个小个队员占用一个大洞，就会对整个团队完成项目造成困难。因此，系统思考、合理应用资源，不仅只关注本部门的利益，而且还要关注其他部门的利益。

2.计划与行动

计划工作包括：为组织选择任务和目标，以及完成任务和目标的行动方案。虽然那些超出我们控制的因素可能干扰制定最佳的计划，但是如果没有计划,我们就只能听凭自然,也就谈不上有效地工作。计划的步骤:确立目标,分析前提条件,提出选择方案,评价选择方案,确定执行方案,具体实施。

3. 德尔菲技术预测法

这种技术是由美国兰德公司1964年发明并首先用于技术预测的专家会议预测法的改进方法。其规范做法是:通常在组织内部和外部,挑选一个专家小组;要求专家组就需要解决的问题,对他们认为将要发生的情况、解决问题的条件、解决的方法等问题作出预测(采用无记名方式);把答案汇集起来,然后再把这些综合结果反馈给小组成员;用反馈的材料(仍采用无记名)对未来作出进一步估计;这一过程重复数次;在最终形成一致的看法时,其结果作为解决问题的最终方案。电网项目体现了团队工作的特点,可以理解为特定条件下的专家组,解决的问题体现了德尔菲技术应用的自然过程。

4. 组织内部的工作专门化

团队专门化即组织分工,是把组织中工作任务划分成若干组成和完成步骤的细化过程,其实质是:完成一项工作的全部,依靠每个人专门从事工作活动的一部分。在实际管理工作中,通过复杂工作专门化,一方面可以最有效地利用队员的技能,另一方面还可以寻求提高组织的整体运行效率。在电网这个项目中,我们可以充分体会到分工的重要性。

5. 指导老师的作用和因素

在群体管理中,领导占据着核心地位,我们把领导定义为一种影响群体实现目标的能力。一个管理者的领导能力包括四个要素:①有效并负责地运用权力的能力;②对环境的认识能力;③激励的能力;④以某种方式形成有利气氛并使人们响应的能力。在电网项目中,队长的作用必须得到充分的发挥,才能保证任务的顺利完成。

6. 控制职能

在明确了行动计划和方案后,实施过程中如何保证目标达成,除了依计划行事外,还需根据行动过程中出现的问题对行动方案进行调整,需要过程的监督,这就是控制过程。控制职能是对业绩的衡量与校正,以确保组织目标和为达到目标所制订的计划得以实现。

7. 协同效应

这是一个生物学术语,它是指由两种以上的物质相互作用所产生的效果不同于单一物质作用的总和。协同效应包括正协同和负协同,群体活动的结果大于个

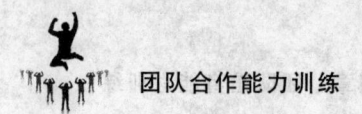

体努力累加之和为正协同,反之为负协同。一个团队在群体互动过程中,只有通过沟通和协调,产生正协同,才能保证绩效的不断提高。

8. 群体决策

形成电网问题解决的过程是一个群体决策的过程,那么群体决策的实质是怎样的呢?群体决策有四个明确的阶段:①定向阶段,群体被引到问题上,并对一些事实进行分析;②评价阶段,群体成员对问题作出估计,并对他人的观点作出反应;③形成认识阶段,群体开始形成解决问题的办法,在达成共识的过程中,建立起工作执行的基础;④共同决策阶段,群体以相对统一的认识作出决策。群体决策的优点:更完整的信息和知识,增加了观点的多样性,提高了决策的可接受性,增加了合法性。群体决策的缺点:浪费时间、从众压力、少数人控制、责任不清等。

第五章　团队领导能力训练

第一节　经典项目

项目一：孤岛求生

☆项目性质：
团队合作领导能力训练项目。
☆项目目的：
本项目可以用来创建团队、培养团队合作精神、学习冲突处理技巧、培养领导才能、锻炼沟通能力。

1.加强团队成员间的主动沟通意识，打破行业中的孤岛现象，加强指导老师与团队、队员之间，小组与小组之间沟通，以及小组内部的沟通。

2.认识收集信息，加强沟通的重要性，树立大局观，善于抓住主要矛盾，并且要有积极的合作意识。

3.合理利用项目规则，大胆尝试，提倡变革创新、知行合一的行业文化。

4.认识合理分工的重要性，培养团队的科学决策方法。

5.锻炼团队分析解决问题的能力，学会克服看似难以解决的问题。

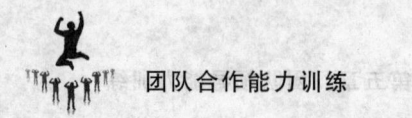

6.考察团队时间管理、资源管理能力。

☆场地器材：

1.场地要求：平坦，方箱摆放紧密平稳；三座岛之间的距离以木板可以平板搭上为准。

2.60厘米×60厘米×25厘米的木质方箱约4个，25厘米×25厘米木箱一个，两块木板（木板横向叠放在盲人岛上），一个塑料桶，羽毛球约5个，任务书一套，眼罩为N/3加1个（N为参训人数）。

☆人员要求：

9～18人。

☆项目时间：

项目完成时间：40分钟

项目布课时间：10分钟

项目挑战时间：15分钟

回顾总结时间：15分钟

☆项目概述：

这个项目的名字叫孤岛求生，这是拓展训练最经典的项目之一。看似简单的活动所蕴含的道理、揭示的问题、对人的震撼，能够让我们回味无穷。在孤岛上发生的场景，在生活中随处可见，但愿我们以此为鉴，扬长避短，对真实生活有所帮助。

☆项目布置：

1.所有队员随机报数分为3组，人数不平均或有针对性地小范围内适当调整。

2.先将一组人带至哑人岛（中层），告诉他们："从现在开始你们就成为了哑人，任何人不许从嘴里发出任何声音（包括你们内部），如果违规，将进行'惩罚'或'取消资格'"。

3.将一组人带至珍珠岛（高层）。

4.请最后一组人戴上眼罩并带至盲人岛（基层），将严格消毒后的眼罩发给队员，如有戴眼镜者则请其先摘下眼镜交给拓展教师，佩戴方法为黑面向里，鼻托位置向下，强调一定保证什么也看不见并用手在露缝隙处晃动检查。带至盲人岛的过程中应告知："请大家手拉手跟我走，慢一点，不要着急。"随时告知他们前面的路况，接近盲人岛时提醒："现在先停一下，我们前面有一个大约20厘米高的平台，慢慢站上去，注意不要磕着腿，站上去后先不要乱动。"逐一将盲人扶上岛,待所有人站到岛上后再提醒:"现在大家可以用脚感受一下边缘和高度。注意不要掉下去。"

5.将珍珠岛任务书、鸡蛋、笔、白纸、筷子与胶带发给珍珠岛上远离其他岛方向的那个学员。

6.将任务书交给哑人岛上的任意一名队员,最后将盲人岛任务书悄悄塞到一名队员手里,并且将羽毛球分发给不同队员。

7.宣布项目开始,限时40分钟。

(1)珍珠岛任务:①鸡蛋从高处落下不碎;②数学题:ABCDE×3……EDCBA 问:A、B、C、D、E各是几?③利用一定的物理原理和器械,将所有的人集中到一个岛上。

(2)哑人岛任务:将所有的人集中到珍珠岛。

(3)盲人岛任务:①将一个球投入水中的一个桶中;②所有的人集中到珍珠岛。

☆安全控制:

1.重点注意监控盲人岛上的队员,在等待救援时,及时提醒他们注意自己在岛上的位置,不要掉下去。

2.在木板搭好后盲人向其他岛移动的过程中严密监控盲人,以防其掉下木板,教师应跟随其一起移动,张开手臂作出保护的姿势,但与队员身体保持适当的距离。

3.一个岛上集中人数较多时,尽量将盲人安置在岛的中间部分。

4.提醒盲人在摘眼罩时要先闭眼再摘眼罩,捂住眼睛再慢慢睁开。

5.哑人运用杠杆原理搭板时,提醒不要压伤手指,同时注意监控不要压伤队员的脚,木板搭好后防止呈跷跷板状态。

6.大多数人集中至一个岛上时提醒他们相互保护。

☆项目分享:

1.项目进行过程中你们遇到了什么问题?如何对问题进行拆分的?每个人都做了什么?

2.项目进行过程中队员们都充当了什么角色?

3.你们必须在规定的时间内完成任务,对此有何认识?

4.整个团队运作有效吗?为什么?

5.怎样做才能使项目开展得更好?

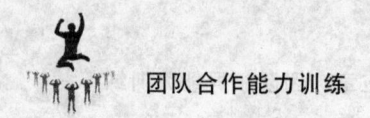

项目二:穿越沼泽

☆项目性质:

团队合作领导能力训练项目。

☆项目目的:

1. 体会特殊环境下的领导沟通方式。

2. 体验板上运动的方式和感觉,以及安全的交换方法。

3. 提高团队战斗力。

☆场地器材:

场地:一块平整的场地。

器材:三个铁桶,两块长木板。

☆人员要求:

每组10~15人。

☆项目时间:

项目完成时间:40分钟

项目布课时间:10分钟

项目挑战时间:15分钟

回顾总结时间:15分钟

☆项目概况

所有队员利用提供给你们的资源(三个铁桶,两块长木板),走到我指定的安全区域(预先所设置的标志物以外)成功逃生,即为完成。

☆项目布置:

1. 这个项目的名字叫罐头鞋,这是一个团队合作项目。

2.全体同学相对均匀地站在木板上,不得在木板上故意震颤和打闹。

3.大家的活动范围是在木板与桶上,注意不要跌落下来。

4.(看具体情况采用)从现在起,所有人不得从嘴里发出任何声音,按照大家出生的月、日排序,完成任务后手在前下垂交叉示意。活动中如果换位时必须采用面对面扶肩换位,相邻队员应相互帮助。

5. 40分钟之内全体队员利用两块板和三个桶,到达指定地点。

6.活动过程中任何人身体的任何部位不得触地,木板不得触地。

7.队员如需挪动木板的时候,避免手指压在木板与桶之间,避免手被刺扎伤。

8.桶不能放倒滚动,指导教师认为有危险而叫停后,必须停止继续完成项目。

9.活动结束后按指导教师要求回到地面,严禁突然跳下。

10.虚拟沼泽地场景。

☆安全控制:

1.起点与终点间人的身体的任何部位和木板都不可以触地,接触地面则返回起点,项目重新开始。

2.油桶不能倒地滚动。

3.不可以借助任何其他外物。

4.服从指导教师口令。

5.板上人数要求:板上人数13人。如队员超出13人,可安排体重较大的队员在下面参与保护,如有队员体重超过100公斤,无论总人数是否超过13人,都应安排该队员不上板。

6.监控队员依次上板,先坐板上然后站起,严禁一哄而上,下板同样道理。

7.板上严禁跳跃,同时注意提醒换位姿势。

8.主力队员需戴手套,移动木板时要慢起慢落,手放板沿,送一点移一点,防止上翘。注意防止队员手脚等身体部位被桶和木板挤伤,或撞到别的队员。

9.不允许用跷跷板方式。

10.罐头鞋是危险项目之一,队员行为千变万化,操作成功率低,指导老师要加强监控,不停走动,注意站位和保护姿势,站在你认为最危险的位置(①帮助队员上板。②站在蹲着移桶的队员身后保护。③两头扶着板试力,让队员用双手压住前面队友的肩膀。④站在准备跳跃的队员之前保护,防止打滑。⑤跟着移动的桶走)。

☆项目分享:

1.对完成项目所作出的努力给予肯定,鼓励每个人将自己的感受与大家分享。

2. 大家对完成项目是如何进行决策与尝试的，在执行中如何修订我们前期作出的决策？

3. 对个人付出来推动全体前进的奉献精神和队员分享，可以分享电影董存瑞中那个经典片段。

4. "差不多"的习惯对完成活动的不利因素分析。

5. 被动的等待与服从调动对完成活动的价值和当时的感受。

6. 如何确定利用杠杆原理并确认和检查可行性，确保安全完成任务。

7. 团队成员的分工与协作。

8. 这个项目中，队员之间会产生沟通上的分歧，所以需要队员善于倾听，这样才能在短时间内成功。

9. 最有效的办法就是队末的成员站到倒数第二个油桶之上，然后将油桶传给队首成员，并置于队首前，然后队伍整体往前移动一个油桶……这样的动作重复，直到到达终点为止（注意传递油桶时，保持身体重心平稳）。

项目三：同心协力

☆项目性质：
团队合作领导能力训练项目。

☆项目目的：
1. 了解团队协作的重要性。
2. 增强部分团队队员的领导能力。
3. 激发队员的奋斗精神和归属感。

☆场地器材：

平整场地;器材无。

☆人员要求：

人数不限,5人以上一组为佳。

☆项目时间：

项目完成时间:40～50分钟

项目布课时间:10分钟

项目挑战时间:25～30分钟

回顾总结时间:5～10分钟

☆项目概述：

这是一个很有意思的项目,它可以调动参与者的兴趣,并且能让他们从项目中体会友谊和协作的乐趣。另外,这个培训项目还可以在培训中场或结束时使用,既可以活跃课堂气氛,还能帮助培训队员放松神经,增强学习效果。

☆项目布置：

1.将队员分成几个小组,每组在5人以上为佳。

2.每组先派出两名队员,背靠背坐在地上。

3.两人双臂相互交叉,合力使双方一同站起。

4.以此类推,每组每次增加一人,如果尝试失败需再来一次,直到成功才可再加一人。

5.培训者在旁观看,选出人数最多且用时最少的一组为优胜。

☆安全控制：

无。

☆项目分享：

1.你能仅靠一个人的力量就完成起立的动作吗?

2.如果参加项目的队员能够保持动作协调一致,这个任务是不是更容易完成?为什么?

3.你们是否想过一些办法来保证队员之间动作协调一致?

4.这个项目看似简单,但是依靠一个人或几个人的力量是不可能完成的。因为在这个项目中,大家组成了一个整体,需要全力配合才可能达到目标。它可以帮助队员体会团队相互激励的含义,帮助他们培养团队精神。

5.本项目还考验每个小组的领导者,看他如何指挥和调动队员。因为这个项

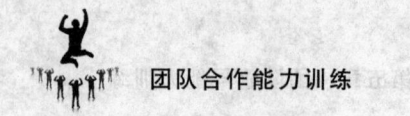

目不但需要大家通力合作,还需要每个参与者的密切配合。如果步调不一致,大家的力气再大也不可能顺利完成。在这种情况下,作为小组的领导者,应该想一些办法来解决这个问题。比如可以让大家以他马首是瞻,跟随他的动作;更有效的就是想出一个口号,既可以鼓舞士气又能统一大家的节奏。

6.无论队员还是领导者都应该明白,任何一个人的不配合都会对小组的行动产生负面效果。因此,培训者应注意,在项目结束后,要帮助完成效果不好的小组找出原因,帮助他们树立团队意识,引导他们总结自己的失误,这对队员的素质提高有很大帮助。

项目四:美丽景观

☆项目性质:

团队合作领导能力训练项目。

☆项目目的:

1.团队领导能力、创新能力的培养。

2.团队合作中的角色分工和协作问题。

☆场地器材:

场地:教室。

器材:每组一套:A4纸50张,胶带一卷,剪刀一个,彩笔一盒。

☆人员要求:

人数不限,每组10人最佳。

☆项目时间:

项目完成时间:40~50分钟

项目布课时间:10分钟

项目挑战时间:25~30分钟

回顾总结时间:5~10分钟

☆项目概述:

作为一个团队的领导者,一定要明白自己小组各个队员的特点并善加利用,此项目可以帮助他们做到这一点。

☆项目布置:

1.将队员分成10人一组,然后发给每组一套材料,要求他们在40分钟内建造出一处优雅美丽的景观来,要求景色美观、创意第一。

2.要求每组选出一个人来解释他们的景观的建造过程,比如创意、实施方法等。

3.由大家选出最有创意的、最具有美学价值的、最简单实用的景观,胜出组可以得到鼓励表扬。

☆安全控制:

无。

☆项目分享:

1.作为小组的领导者,对这次团队项目拓展你有什么感悟?

2.在建造的过程中,你们的合作过程如何?大家的协调性怎么样?各人扮演什么角色?这一角色是否与他平时的形象相符?

3.创意好不好关系到景观的成败。如果一开始的思路就错了,或者根本没有明确的目标,就会在以后的工作中面临越来越多的问题,比如时间管理、审核标准、资源分析等。

4.当想出足够好的创意以后,每个人根据自己不同的特长选择不同的任务,比如空间感好的人就可以搭建模型,手巧的人可以进行实际操作,但是最重要的是一定要有一个领导者,他要纵观整个全局,对创意进行可行性评估,以及最后进行总结。

5.对于队员来说,如果你有了新的创意,一定要跟其他人交流,让他们明白你的意思,并让大家评定你的点子是否可行。

项目五:将军与士兵

☆项目性质:

团队合作领导能力训练项目。

☆项目目的:

1.在短时间内进行有效可行的团队决策。

2.不同角色队员之间的有效沟通。

3.通过项目训练解决沟通障碍。

4.团队完成任务过程中,意外情况的处理。

5.增进队员的领导力。

☆场地器材:

场地:选择一间15～20平方米的教室作为"营地",清空室内物品。

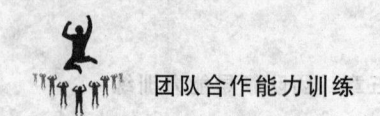

器材:《任务书 A1》,《任务书 A2》,《任务书 B1》,《任务书 B2》。队员每人一个眼罩。

☆ **人员要求:**

人数不限。

☆ **项目时间:**

项目完成时间:90 分钟

项目布课时间:10 分钟

项目挑战时间:40 分钟

回顾总结时间:40 分钟

☆ **项目概述:**

团队队员分为"将军"(哑人)和"士兵"(盲人),在规定的时间内,"将军"运用团队事先确定的沟通代码指挥"士兵"进入"营地",并按照规定的位置进行分布。

☆ **项目布置:**

1. 将团队所有队员平均分为 A、B 两组。将两组人分开一定距离,发给所有队员每人一个眼罩,先不用戴上。

2. 向所有队员宣布这个项目叫作"将军与士兵",是一个团队项目,请你们遵守项目规则,在 40 分钟内完成团队任务,现在计时开始。

3. 分别将《任务书 A1》和《任务书 B1》发给两组。

4. 当两组队员都示意已经确定沟通的声音代码后,请所有队员戴好眼罩,进入盲人状态。

5. 在两组各选出一名队员摘下眼罩,扮演"将军",将《任务书 A2》和《任务书 B2》分别发给他们。

当两组的"将军"都示意任务完成时,则宣布项目结束,计时停止。请"士兵"在原地摘下眼罩,保持位置不动,请"将军"分别宣读《任务书 A2》和《任务书 B2》,请所有队员评判任务完成情况。

☆ **安全控制:**

1. 提醒和关注处于盲人状态的"士兵"的行动安全。

2. 在进入营地前,重点监控第一名"士兵"。

3. 在队员协商声音代码的时候,提醒队员项目还是很有难度的,让队员进行充分的讨论。

4.A、B两组队员可能分别讨论,也可能意识到是一个团队而一起讨论,指导教师不必提醒他们的团队意识。

5.对于"将军"的选择,需要考虑团队的状态和团队队员的特点,可以选择讨论中不太活跃的队员,增加其参与度。

6.在项目进行中,尽量鼓励"士兵"说话,营造项目氛围。在两个"将军"刚拿到任务书进行讨论的时候,"士兵"处于等待状态,注意调节气氛。已经确定位置的"士兵"也处于闲置状态,应鼓励其为团队出谋划策。

7.发现"士兵"摘下眼罩或者偷看"将军"说话,或者"士兵"和"将军"之间有身体接触,应及时制止。但"士兵"和"将军"之间的非身体接触,不必干预。

☆项目分享:

1.每位队员谈谈自己参加该项目的感受。

2.你们是否想过一些办法来保证该项目更好地进行?

3.在这个项目中,大家组成了一个整体,需要全力配合才可能达到目标。它可以帮助队员在体会团队意义的前提下,培养领导能力。

《任务书 A1》

你们是 A 组,由一位队员扮演"将军",其他队员扮演"士兵"。你们组的任务是,按照《任务书 A2》的要求,由"将军"指挥本组所有"士兵"进入营地,并按照相应的位置分布。由于"将军"和"士兵"之间不存在语言交流,所以,你们全组共同协商确定"将军"和"士兵"之间进行沟通的声音代码。当两组都确定好声音代码后,请所有队员戴好眼罩。指导教师将在你们组内选择一名队员摘下眼罩,扮演"将军",并将《任务书 A2》交给"将军"。当"将军"拿到《任务书 A2》后,到项目结束前,请你们务必严格遵守以下规则:

1."士兵"戴好眼罩,保持盲人状态,不得摘下眼罩或偷看,但可以说话。请你们在行动中注意安全。

2."将军"保持哑人状态,不得说话,只能用确定的声音代码进行沟通。

3."将军"和"士兵"之间禁止任何身体接触。

《任务书 B1》

你们是 B 组,由一位队员扮演"将军",其他队员扮演"士兵"。你们组的任务是,按照《任务书 B2》的要求,由"将军"指挥本组所有"士兵"进入营地,并按照相应的位置分布。由于"将军"和"士兵"之间不存在语言交流,所以,你们全组共同协商确定"将军"和"士兵"之间进行沟通的声音代码。当两组都确定好声音代码后,请所有队员戴好眼罩。指导教师将在你们组内选择一名队员摘下眼罩,扮演"将军",并将《任务书 B2》交给"将军"。当"将军"拿到《任务书 B2》后,到项目结束前,请你们务必严格遵守以下规则:

1."士兵"戴好眼罩,保持盲人状态,不得摘下眼罩或偷看,但可以说话。请你们在行动中注意安全。

2."将军"保持哑人状态,不得说话,只能用确定的声音代码进行沟通。

3."将军"和"士兵"之间禁止任何身体接触。

《任务书 A2》

你扮演你们 A 组的"将军",你的任务是指挥 A 组的所有"士兵"进入营地,并按照相应的位置分布。在完成任务的过程中,请务必严格遵守《任务书 A1》中规定的规则。

你们 A 组的所有"士兵"进入营地后,请按照以下要求分布:

1.营地的门口坐着一名"士兵"。

2.你们 A 组的一名"士兵"和 B 组的两名"士兵"要在营地中央围成一个边长为两米的等边三角形站好。在这个等边三角形的中心,要蹲着一名你们 A 组的"士兵",且面向营地门口。

3.你们 A 组其余的"士兵"均匀分布在营地的一条边上。

《任务书 B2》

你扮演你们 B 组的"将军",你的任务是指挥 B 组的所有"士兵"进入营地,并按照相应的位置分布。在完成任务的过程中,请务必严格遵守《任务书 B1》中规定的规则。

你们 B 组的所有"士兵"进入营地后,请按照以下要求分布:

1. 正对营地门口的一面墙的两个墙脚分别坐着一名"男兵"和一名"女兵"。

2. 你们 B 组的两名"士兵"和 A 组的一名"士兵"要在营地中央围成一个边长为一米的等边三角形站好。

3. 两组的其余"士兵"要均匀分布在营地的各边上。

第二节　团队领导能力训练的知识拓展

管理和发展团队要做到以下几点:

(1)目标

根据目标的分类:长、中、短期目标,设定自己目前的、未来的目标。

未来的目标可以为:在 5 年以后成为主管经理;10 年以后,开一家公司等等。

目前的目标可以为:提高自己的沟通能力;提高自己的领导能力;激励成员的能力;培训和发展员工的能力;建立积极、开放的团队气氛,建立自信等。目标的制订可以根据 SMART 原则。

(2)目前的能力水平

可以通过 SWOT 分析法分析自己目前的情况。

(3)行动步骤

通过反思自己的行为,选择合适的方法来提高自己的能力;可以通过有效的学习,通过各种学习方式实现自己的目标。参考本单元所讲述的 KOLB 学习周期。

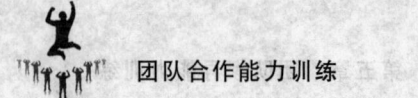

(4)时间表

目标的制订、完成日期或各个阶段的时间安排。

(5)评估

把实际实现的目标与自己制订的目标相比较,并作出分析和评估。

找出自身的优点和缺点,吸取经验。

(6)总结和重新安排

目标的完成预示着一个新的目标的开始,总结前一个目标制订、完成的经验,制订新的目标。

第六章　团队思想意识培养能力训练

第一节　经典项目

项目一：毕业墙

☆项目性质：

团队合作思想意识培养能力训练项目。

☆项目目的：

1. 提高危机时刻的生存技能，提高安全意识和保护意识。

2. 个人英雄主义时代的结束，体会团结就是力量的意义。

3. 认同差异，合理分工，学习最优配置资源，发挥每个人的优势，团队无弱者——认同差别，发现优点。

4. 资源配置——策划和决策的过程，民主、有效讨论，合理、快速决策，科学评估创新方案，勇于实践，不断尝试。

5. 培养团结一致、密切合作、克服困难的团队精神。

6. 培养计划、组织、协调能力，培训团队内部及团队之间的凝聚力。

☆场地器材：

场地：一面4米的求生墙。

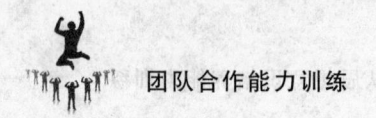

器材:海绵垫 1.5 米×2 米两个,小海绵垫两个。

☆人员要求:

10 人以上,男生和女生的比例为 6∶4。

☆项目时间:

项目完成时间:40 分钟

项目布课时间:10 分钟

项目挑战时间:15 分钟

回顾总结时间:15 分钟

☆项目概述:

这个项目原名叫逃生墙,因为经常将它安排在最后一个项目,因此我们也叫它毕业墙或胜利墙,国外常称 14 英尺墙。这个活动可以让我们懂得个人目标与团队目标的关系,只有团队获得胜利才是真正的胜利。

☆项目布置:

1.所有学员 40 分钟内爬过高墙,不容许借助任何外力和工具,包括衣服、皮带等,必须沿墙正面上去,没有上去者即为失败。人数过多的时候,上去的人沿梯子下来必须站在指定位置。允许上去的学员沿原路返回。

2.所有人都要摘去身上的一切硬物,如手表、门卡、眼镜、钥匙、戒指、发卡等等,穿硬底鞋、胶钉底鞋者必须脱掉鞋子。

3.如果采用搭人梯的方法,必须采用马步站桩式,不要将身体靠在墙上,注意腰部用力挺直,用手臂弯曲推墙固定保持人梯牢固。要有人专门扶持人梯学员的腰,可以屈膝用腿支撑人梯学员的臀部,学员攀爬时不可踩人梯学员的头、颈椎、脊椎,只可以踩肩和大腿。

4.让学员将衣服扎进腰带,拉人时不可以拉衣服;拉手时要手腕相扣成老虎扣,不可直接拉手或者手指,不可将被拉学员的胳膊搭在墙沿上,只能垂直上提。当肩部以上超过墙沿时可以靠在墙沿上,从侧面将腿上提以帮助上去。

5.不得助跑起跳,上墙时不可采用蹬走上墙的动作。上去后翻越墙头要稳妥。

6.学员应该注意安全垫子的大小和硬度,注意垫上活动的安全,避免扭伤脚踝;人多的时候外围学员可以弓步,一脚在垫子外面。

7.攀爬中,承受不住者大声叫喊并坚持一会儿,保护人员迅速解救。所有学员必须参与保护,弓步站立,双手举过头,肘略屈,掌心对着攀爬者,抬头密切关注攀爬者,随时准备接应和保护。

8. 当攀爬者或者人梯跌落,保护人员保护自己的同时,掌心对着攀爬者或者人梯将其按在墙上,切忌按头。当攀爬者在较高的地方倒落或者滑落的时候,保护人员应上前托住。当攀爬者高空向外摔出时,保护人员应迅速顺势接住,轻放在垫子上。

9. 大声讲解,细致强调,鼓励学员参加。解决问题的办法由学员自己想,不用给安全操作规则外的任何建议。学员讨论时间过长而没有决策和执行的时候,可以提醒时间,一般要留 2/3 的时间用于执行。

10. 如果学员尝试多次没有成功,应予以鼓励,适当的时候提示技巧。记录开始攀爬的时间和结束时间以及尝试次数。

11. 最后一个人尝试各种方法的时候都遇到困难,当学员要放弃的时候,应该予以提示。比如说:你们确定要放弃?放弃是不是很可惜?是不是方法不好?要不换人试试?如果在提示下实在找不到办法,可以把方法告诉其中一个人,然后学员自己沟通,最后一个人上跳的时候可以抓腰带适当缓冲。

☆**安全控制:**

1. 检查海绵垫是否完好无损,上面是否有硬物,检查墙头是否松动。带领学员充分热身。

2. 对攀爬者、搭人梯者、墙上提拉者、外围保护者的安全要求不断强调,做到安全事故防患于未然。

3. 监督墙上学员的安全,不准骑跨或者站立在墙头,注意墙后平台的范围,平台上不得超过 30 人。拓展教练监督的站位应该能控制住后面及右侧,左侧有安全人员保护。统计表明,向右侧倾斜的几率较大。

4. 地面学员少于 3 人时,教练应该站在人梯后较近的位置适当辅以力量。重点关注前 3 名和最后 3 名学员的攀爬过程,其余学员的攀爬过程可以提拉与托举并用,人梯不用过高。

5. 在搭救最后一名学员时对下挂学员的安全要不断强调、监控,并要求学员讲出他们的安全措施,教练对此进行判断,可以否决或者补充要求。

6. 最后一名学员离地,脚上举或者做其他动作,教练应站在学员侧后方,一方面避免头朝下坠落,另一方面避免脸或者头磕在墙上。如坠落则顺势帮助调整姿势,接住或者揽到垫子中间,必须休息一会儿后再次尝试。

7. 有安全隐患时应果断鸣哨或者叫停。女学员未经特殊训练一般不做中间

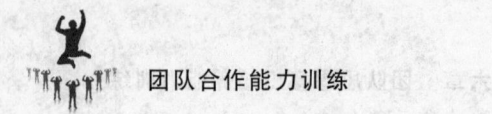

连接。提醒学员在被队友往上提拉时不要用脚蹬墙,以免磕伤腿及面部。

8.教练不可参与项目中,如充当倒挂者或者最后一人。如学员因身体原因不适合参加,可以不参加或者沿梯子上去。

9.当学员要搭两组人梯的时候应制止。当被拉学员出现困难而滞留空中或者下滑时,应果断提示学员再搭上一层人梯,或者提示中间学员向一侧抬腿,上面学员抱腿。最后一人的时候无论采用什么方法都要听中间学员的感受,中间学员认为不行,则应立即停止,不可长时间尝试。

10.采用倒挂时,要问清学员方法和安全措施。面向墙壁倒挂时提醒学员,腰部以下不得伸出墙外,有专人拉他的双腿,注意监控。面向外倒挂时提示学员动作,如将小腿压在墙头,膝关节内侧卡在外沿,大腿压在墙面上,腿下不得有手臂,后倒动作要慢,压腿的学员不得去拉最后一名被救者。

11.活动中不得逗乐玩笑,不得在墙面后的平台蹦跳打闹,完成后注意在边角站着等着照相的学员的安全。

☆项目分享:

1.在开始做之前是否做了计划。

2.刚开始操作时感觉很容易,但到最后一刻才感觉很困难。

3.多设想方案和多尝试,方法不行则立即改变方法。

4.第一个上去的人有何感觉?先锋的作用与榜样的力量对他人的激励。

5.上墙的顺序及角色的认定对团队完成任务的积极作用。

6.甘为人梯的精神是值得大家尊敬和感谢的。

7.项目完成后,对全体完成的信心差别以及今后遇到此类活动信心的增加。

8.团结协作、合理分工、相互鼓励、坚持到底的团队精神很关键。

9.在发现困难的时候,不是一时的紧张或冲动,而是要冷静下来,尽快地分析现场情况,集中信息,作出决策。决策之后,马上行动,"行必果"是成功的保障之一。

10.有一句话叫作"团队无弱者"。在团队中,角色不能趋同,要各具特点,每个人应认同差异,不能对与自己工作方式、性格特点不同的人抱有成见,应主动发现身边人的优点,才能更好合作,以共同实现目标。

11.祝贺大家完成此项目,对团结互助的团队精神给予提升,希望并祝愿大家在学习、生活和工作中能够发扬。

项目二:雷阵取水

☆项目性质:

团队合作思想意识培养能力训练项目。

☆项目目的:

1. 感受特殊情境下完成任务的分工与合作方式。

2. 了解团队特殊人才对完成任务的影响和重要作用。

3. 增强团队成员的创新思维能力。

4. 认识统一指挥的意义与重要作用。

5. 培养全体队员各尽所能、共同努力完成任务的能力。

6. 提高队员组织、沟通和协作的能力和技巧。

7. 行动之前的讨论和计划对于事情的成败起重要作用,培养处理事情良好的计划性和条理性。

8. 培养队员集体荣誉感及为团队勇于奉献的精神。

☆场地器材:

场地:平整草地一块。

器材:10米绳子3根,矿泉水5瓶;在直径5~6米的绳圈内中间放置半瓶矿泉水,并打开瓶盖。

☆人员要求:

12~14人。

☆项目时间:

项目完成时间:40分钟

项目布课时间:10分钟

项目挑战时间:15分钟

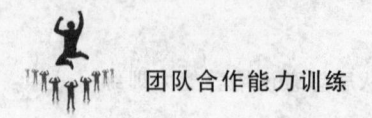

回顾总结时间:15分钟

☆项目概述:

这个项目叫雷阵取水,当团队遇到困难时不惊慌,有效调动团队成员的积极性和创新意识,献计献策,利用有限资源帮助团队走出困境。

☆项目布置:

1.用一根10米长的辅绳围成一个圆圈作为雷区,在雷区内放3~5瓶矿泉水。

2.用另外两根辅绳作为资源,在20分钟内要求成功将水取出3次以上。

3.取水过程中身体任何部位不允许接触雷区,同时水瓶不能碰倒。

4.队员可以利用两根绳索,在取水过程中水滴不得溅落出来,否则视为失败。

5.同样的取水方法只能使用一次,不得重复使用同一种取水方法。

☆安全控制:

1.平整、没有碎石的草地。

2.在使用辅绳爬越过程中,教师要控制高度。

3.教师时刻注意取水行动,让不安全隐患降为零。

4.要求队员把身上带的所有硬质物品取下并放在安全的地方。

5.队员拉绳时不要将绳缠在手上。

6.如果取水者是女队员,提醒其将衣服扎入腰带,长发必须扎起。

☆项目分享:

1.细节决定成败。

2.任何时候别让他人断了你的退路,特别是在未来的工作岗位上,未雨绸缪总没错。

3.做任何事情都应做好失败的准备,正所谓失败乃成功之母。

项目三:坦然面对

☆项目性质：

团队合作思想意识培养能力训练项目。

☆项目目的：

1.提高团队人员的思想意识，增进团队凝聚力。

2.创造性地解决问题。

☆场地器材：

场地：开阔的教室或室外。

器材：几个形状怪异的物品，如镊子、挂钩、题板纸等。

☆人员要求：

每组5~10人。

☆项目时间：

项目完成时间：40~50分钟

项目布课时间：10分钟

项目挑战时间：25~30分钟

回顾总结时间：5~10分钟

☆项目概述：

每个人都会遇到尴尬的事情或者小小的挫折，遇到这种情况我们不必挂怀。如果我们连这种小小的挫折都不能逾越的话，遇到许多无端的阻碍更会不知所措。这个项目就模拟了几个类似的场景，让队员认识和适应这种状况，以帮助他们坦然自信地面对棘手的问题。另外，这个培训项目本身就很有意思，可以起到活跃气氛的作用。

☆项目布置：

1.将培训队员分成几个小组，每组5~10人。

2.让队员们即兴想一想，假如这时在你面前出现一个炸弹，你会怎么应对？让队员尽可能多地说出一些自己的反应，把这些话写在题板纸上。

3.然后教队员"小丑鞠躬"的反应，当其他方法失败时，小丑鞠躬意味着面对观众，正视自己的失误，谦虚地说："谢谢你们，非常感谢你们。"

4.鼓励队员试一试小丑鞠躬效应的几个变形。比如，他们可以用深情的口气说，也可以像主持人一样热情地说，也可以像一个演讲者一样慷慨激昂地说。培训者应该鼓励队员探寻自己的风格。

5.然后把奇形怪状的物品拿给队员看，告诉他们，他们不同组的任务就是尽可能多地说出这些物品的用途。

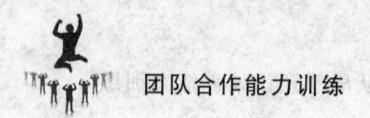

6.让小组做好准备,跑到放东西的地方捡起一件物品,说出它们的名字,再尽可能多地说出几样用途。然后跑回队伍中,再派下一个人去。以此类推。

☆安全控制:

无。

☆项目分享:

1.在接下来的日子里,你是否会犯一些小错?如果回答是肯定的,那么请试着运用项目中的技巧,看看别人会有什么反应?

2.人生中总是会有许多的风风雨雨,怎样克服全看一个人的意志和态度。

3.这个项目的挑战性在于,它为队员设计了无数的场景,激发他们的想象力和表演技巧,鼓励他们摸索出适合自己的风格。只有这样,他们才可能真正领会到其中的精髓,逐渐吸收并转化为自己的。另一个挑战是,面对稀奇古怪的东西不仅要说出它们的名字,还要说出其用途。这不仅依靠一个人的生活经验,还考察他的反应能力。

4.化解尴尬的方法有很多。除了坦然面对外,还可以运用一些幽默手段,不仅可以化解尴尬,还能体现出你的智慧。幽默感还可以使整个项目更加有趣,队员会更热衷于这个项目。

第二节 团队思想意识培养项目的知识拓展

团队合作的三重误区。

误区一:"冲突"会毁了整个团队?

团队的管理者往往对于冲突讳莫如深,他们会采取种种措施来避免团队中的冲突,而无论这种冲突是良性还是恶性的。管理者们的担忧不外乎三个方面:首先,一些管理者把冲突视为对领导权威的挑战,因为担心失去对团队的控制,对于拍板和讨论他们往往会果断地选择前者;其次,过于激烈的冲突往往会引发团队内部的分裂,带来不和谐音符;第三,在冲突中受打击的一方不仅会伤及自尊,同时也会对成员的自信心造成很大的影响,不利于团队整体工作效率的保持和提升。

要成为一个高效、统一的团队,领导就必须学会在缺乏足够的信息和难以统一意见的情况下及时作出决定,果断的决策机制往往是以牺牲民主和不同意见为代价获得的。对于团队领导而言,最难做到的莫过于避免被团队内部虚伪的和谐气氛所误导,并采取种种措施,努力引导和鼓励适当的、有建设性的良性冲突。将被掩盖的问题和不同意见摆到桌面上,通过讨论和合理决策将其解决,否则的话,隐患迟早会爆发的。

误区二:1+1一定大于等于2?

2004年6月,拥有NBA历史上最豪华阵容的湖人队在总决赛中的对手是14年来第一次闯入总决赛的东部活塞队。赛前,很少有人会相信活塞队能够坚持到第七场。从球队的人员结构来看,湖人队是一个由巨星组成的超级团队,包括科比、奥尼尔、马龙、佩顿,每一个位置上的成员几乎都是全联盟最优秀的,再加上由传奇教练菲尔·杰克逊对球队的整合,在许多人眼中,这是20年来NBA历史上最强大的一支球队,要在总决赛中将其战胜只存在理论上的可能性,更何况对手是一支缺乏大牌明星的平民球队。

然而,最终的结果却出乎所有人的意料,湖人队几乎没有做多少抵抗便以1:4败下阵来。湖人队的失败有其理由:OK组合相互争风吃醋,都觉得自己才是球队的领袖,在比赛中单打独斗,全然没有配合;而马龙和佩顿只是冲着总冠军戒指而来的,根本就无法融入整个团队,也无法完全发挥其作用。缺乏凝聚力的团队如同一盘散沙,其战斗力自然也就大打折扣。

明星员工的内耗和冲突往往会使整个团队变得平庸,在这种情况下,1+1不仅不会大于或等于2,甚至还会小于2。在工作团队的组建过程中,管理层往往竭力在每一个工作岗位上都安排最优秀的员工,期望能够通过团队的整合使其实现个人能力简单叠加所无法达到的成就。然而,在实际的操作过程中,众多的精英分子共处一个团队之中反而会产生太多的冲突和内耗,最终的效果还不如个人的单打独斗。

在通常情况下,团队工作的绩效往往大于个人的绩效,但也不是那么绝对,这取决于团队工作的性质:如果团队的任务是要搬运一件重物,单凭其中一个成员的力量绝对搬不动,必须要两个以上的成员才能够完成,这时团队的绩效要大于个人绩效,1+1的结果会大于或等于2;但如果换成是体操比赛中的团体项目,最后的成绩往往会因为某位成员的失误而一败涂地,这时,团队的绩效还不如其中优秀成员的个人成绩,1+1的结果反而会小于2。

误区三:"个性"是团队的天敌?

对于多数管理专家而言,《西游记》中的唐僧师徒组合不能算是一个合格的团队,其团队成员要么个性鲜明,优点或缺点过于突出,实在难以管理;要么缺乏主见,默默无闻,实在过于平庸。但就是这么一群对团队精神一窍不通的"乌合之

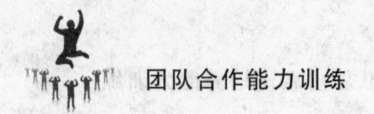

众"，个性突出的典型人物组合在一起，克服了常人难以想象的种种困难，最终却完成任务取回了真经！真是让人大跌眼镜！

其实，换个角度来看，个性也许并不是那么可怕：作为团队领导人和协调者的唐僧，虽然处事缺乏果断和精明，但对于团队目标抱有坚定信念，以博爱和仁慈之心在取经途中不断地教诲和感化着众位徒弟。

队中明星员工孙悟空是一个不稳定因素：虽然能力高超、交际广阔、嫉恶如仇，但桀骜不驯，喜欢单打独斗。最重要的一点是他对团队成员有着难以割舍的深厚感情，同时有一股不屈不挠的精神，为达成取经的目标愿意付出任何代价。

也许很少有人会意识到，猪八戒对于团队内部承上启下起着多么重要的作用，他的个性随和健谈，是唐僧和孙悟空这对固执师徒之间最好的润滑剂和沟通桥梁，虽然好吃懒做的性格经常使他成为挨骂的对象，但他从不会因此心怀怨恨。

至于沙僧，每个团队都不能缺少这类员工，脏活累活全包，并且任劳任怨，还从不争功，是领导的忠实追随者，起着保持团队稳定的基石作用。

每个团队成员都会有个性，这是无法也无需改变的，而团队的艺术就在于如何发掘组织成员的优缺点，根据其个性和特长合理安排工作岗位，使其达到互补的作用。

GE公司前执行总裁杰克·韦尔奇曾经提出过一个"运动团队"的概念，其中很重要的一点就是团队的每一个成员都干着与别的成员不同的事情，团队要区别对待每一个成员，通过精心设计和相应的培训使每一个成员的个性特长能够不断地得到发展并发挥出来。高效的团队是由一群有能力的成员所组成的，他们具备实现理想目标所必需的技术和能力，而且有相互之间能够良好合作的个性品质，从而出色地完成任务。

但遗憾的是，多数团队的管理者并不乐于鼓励其成员彰显个性；相反的，他们会要求属下削弱自我意识，尽量与团队达成一致，在个体适应团队的过程中所丧失的不仅仅是个体的独立性，同时也失去了创造力，许多天才和有创意的想法就这样被抹杀，而这恰恰是企业是否能够获得成功的关键所在！

如果仔细研究那些成功的创业团队，我们会发现这些团队的个体无一例外都具有非常鲜明的人格个性，他们各自发挥自己的才华，相互结合，从而有力地推动着创业进程。

第七章 团队激励能力训练

第一节 经典项目

项目一:空中单杠

☆项目性质:

团队合作激励能力训练项目。

☆项目目的:

1.克服心理障碍,建立自信心,增强自我控制能力,激发潜能。

2.以积极的心态去争取和获得机会。

3.面对困难时的互助精神。

4.通过相互鼓励、相互保护的活动,亲身体验相互信任、相互负责的团队精神。

5.学习换位思考。

☆场地器材:

1.足够大的场地,能够让保护人员正常移动。

2.专用综合训练高架;3.25米长、直径10.5毫米动力绳2条;丝扣铁锁4把,钢锁4把;40厘米绳套4条;8字环2个;下降器2枚;安全带全身2套,半身2套;

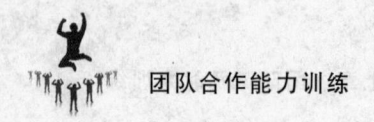

安全帽2顶;手套4副。

☆人员要求:

10人以上,最好不要超过16人。

☆项目时间:

项目完成时间:60分钟

项目布课时间:10分钟

项目挑战时间:25分钟

回顾总结时间:25分钟

☆项目概述:

空中单杠是一个以个人挑战为主的项目,它属于高空高难度项目,整个过程需要独立完成。机会就在眼前,经过努力纵身一跃抓住它,不管是否抓住都无怨无悔。

☆项目布置:

1.召集队员到场地,宣布项目名称和活动方式,要求身体健康者每人都做。

2.讲解器材的使用(安全带和安全帽)。安全带的使用方法:全身式安全带,在拓展训练的四大类高空项目中,主要用于跳跃类项目,并演示穿法。半身式安全带(也叫坐式安全带),一般分为短裤式和裹尿布式,由于腿环所需大小不同,可以分为全可调和半可调式。向队员演示,并要求腰带系在髂骨以上。胸式安全带,可以和坐式安全带结合使用,不得单独使用。

3.介绍主绳与锁具、头盔的使用要求与方式。

4.队员穿戴好保护装备,说明活动要求,接受队友激励后,轮流通过立柱扶手攀爬到顶端,通过自己的努力,站到立柱顶端的圆台上(分为两种方法站到圆台上,一种是通过立柱本身攀到顶端,另一种是从相邻的攀梯站到立柱顶端);站稳后两手侧平举并大声地问自己的对友和保护员"准备好了吗?"当听到"准备好了"的回答之后,自己大声喊"1、2、3",同时屈膝,奋力跃出,用手去抓单杠(可以抓住、触摸或向单杠方向抓去而并非必须抓住),完成之后松开双手,在保护绳的保护下慢慢回到地面。

5.向参与保护的队员讲解安全要求及规范的动作,要求队员与保护者之间用口令呼应。

6.调整单杠远近。

☆安全控制:

1.队员如有严重的外伤病史,或有严重的心脑血管及精神疾病、慢性病及并发症,或医生建议不适合做此类挑战活动者,可以不做此类挑战项目。

2. 所有队员摘除戴、装的所有硬物,学习安全护具穿戴方法和保护方法。

3. 设备使用安全细则:保护绳及上保护点绳套是否完好无损。检查安全带、安全帽有无损坏。

4. 队员操作细则:每根主绳的保护者应为3人,训练开始后,训练架下场地,队员不得停留或走动,上下未经口令呼应时不得操作。

5. 指导教师保护:

①指导教师应时刻注意正参与保护队员的不规范的举动。

②注意检查安全带的种类及相应使用方法是否正确。

③队员做完后,应匀速将其放下,以免由于剧烈摆动而误撞训练架。

④防止队员在没有安全保护的情况下攀上训练架。

⑤指导教师不能强求不愿意参加者。

☆项目分享:

1. 对所有完成挑战任务的队员给予鼓励。

2. 谈谈做完该项目后,自己最直接的感受(挑战前后的心理变化)。

3. 做好该项目应把握的心理要点是什么。

4. 通过对比看和做的心理差别,体会换位思考、相互理解的重要意义。

5. 顺序、榜样以及激励对你有何影响。

6. 整个挑战活动中最困难或最害怕的是什么时候。

7. 不敢做是能力问题还是心理问题。

8. 注意表扬第一尝试者。

9. 不是不会做,而是不敢做;不是能力问题,而是心理问题。心理保护层厚的人不能发挥现有潜力,甚至潜能;不断突破心理保护层是成功的关键;果断的行动是迈向成功的第一步。

10. 自信是现代人的必备素质,自信是人发展的动力。

11. 总结提升阶段:

①机会就在眼前,如何朝向它去不断追求?

②分析关于人的潜能问题,包括可激发出的显性潜能和隐性潜能。

③可以分享"冰山理论"。

④水灾中在树梢上与蛇共存的获救小孩;2006年2月萨拉姆沉船事件中,小哈森36小时后获救,成为年龄最小的获救人员。

⑤在生活中,积极争取向上,当机会出现时,尽力去争取,只要我们努力过,不

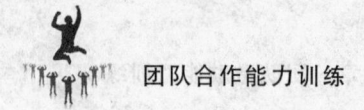

论争取到了还是没有得到,至少无怨无悔。

项目二:硫酸池

☆项目性质:

团队合作激励能力训练项目。

☆项目目的:

1. 培养队员获取胜利的信心和勇往直前的精神。

2. 克服恐惧,勇往直前,认识自我,战胜自我。

3. 以积极的态度去面对学习、生活和工作。

4. 通过相互鼓励、相互保护的活动,亲身体验相互信任、相互负责的团队精神。

☆场地器材:

专项训练场地设施。

☆人员要求:

5人以上。

☆项目时间:

项目完成时间:40分钟

项目布课时间:5分钟

项目挑战时间:15分钟

回顾总结时间:15分钟

☆项目概述:

这是个人与团队配合挑战的项目,可以充分放开自己的手脚,发挥个人的勇敢机智和战胜困难的潜能,勇于挑战一切困难,战胜自我。

☆项目布置：

1.队员按照顺序在硫酸池一端排好,接受其他队员的激励。

2.尝试两脚前后开立,身体贴近悬挂铁链,两腿屈膝,两手臂屈臂握紧铁链,顺势以钟摆形式荡过4米硫酸池。

3.不许助跑、跳跃通过,以自然钟摆形式通过。

☆安全控制：

1.队员如有严重的外伤史,或有心脑血管及精神疾病、慢性病及并发症,或医生建议不适合做此类挑战的,可以不做此项目。

2.前一位队员为后一位同伴做保护,保护者站在硫酸池另一端,两脚前后成弓步站立,当尝试者荡过时,保护者一手臂托其腰部,另一只手抓其衣服继续帮助他往前。

3.周围加油的同伴要时刻留意尝试者经过后会把铁链甩掉,幅度大的可能会打到同伴的脸上。

4.尝试握紧铁链,防止下滑。

☆项目分享：

1.对所有完成任务的队员给予鼓励。

2.鼓励每一位队员都讲讲挑战自我的感受,注意完成不够出色的队员,让他联系平时的学习、生活、工作来谈谈感受。

3.其实有的时候自己不敢做项目不是你的能力问题而是你的心理问题。

4.分析团队的互相鼓励与互相帮助对集体完成挑战的影响。

项目三：空中断桥

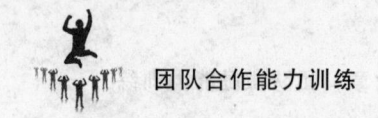

☆项目性质：
团队合作激励能力训练项目。

☆项目目的：
1. 克服恐惧，克服心理障碍，勇往直前，认识自我，战胜自我。
2. 自我说服与自我激励，鼓励他人和获取鼓励的重要性。
3. 建立自信心，增强判断力。
4. 认知心态对行动的影响，学会缓解心理压力。
5. 学习换位思考。
6. 通过相互鼓励、相互保护的活动，亲身体验相互信任、相互负责的团队精神。

☆场地器材：
场地：基地综合训练架。
器材：长度25米、直径10.5毫米以上动力绳3条（2条用于桥上保护，1条用于攀爬保护），套绳2条，铁锁、快挂、钢锁各2副，上升器1副，手套2副，安全帽2顶，安全绑带2套。

☆人员要求：
10人以上，最好不要超过16人。

☆项目时间：
项目完成时间：40分钟
项目布课时间：5分钟
项目挑战时间：15分钟
回顾总结时间：15分钟

☆项目概述：
高空断桥是一个以个人挑战为主的项目，它属于高空类高心理冲击的项目，整个过程需独立完成。"断桥一小步，人生一大步"浓缩了这个活动的精华。

☆项目布置：
1. 召集队员至场地，宣布项目名称和进行方式，要求队员果断跃出。
2. 讲解器材的使用：安全带、安全帽、上升器等。
3. 要求全体完成，跃出前要将起跳脚探出脚尖，再将保护绳向前移动到断桥中间，然后准备跃出。
4. 队员到桥上先站稳，然后由教练为其扣上保护绳铁锁，再摘去上升器铁锁。
5. 开始前，全体鼓励。

☆安全控制：
1. 由于指导教师在桥上，故必须安排一名队员检查安全带穿戴情况。
2. 必须使用安全帽和上升器。
3. 不可先摘上升器再扣保护绳。
4. 如果队员极度恐惧而不敢跃出时，指导教师可先跃到对面增加队员信心，或者用手拉扶队员，但队员返回时一定要求队员自己完成。

☆项目分享：
1. 对比看别人做与自己站在桥上的感受。
2. 突破心理障碍瞬间的感受和过程。
3. 突破心理障碍与发挥自身能力甚至潜能，与抓住机遇、获得成功之间的关系，相互理解和鼓励的重要性。

项目四：垂直天梯

☆项目性质：
团队激励能力项目。

☆项目目的：
1. 全力以赴、合理分工、互相鼓励、充满信心、克服心理障碍是实现目标的保障。
2. 培养队员的相互协作意识。
3. 体会团队内部人员的合理搭配对实现整体目标的价值。
4. 体会阶段性目标对于实现最终目标的重要意义。
5. 借鉴成功经验对提高整体工作效率的重要性。

6. 珍惜别人的帮助,懂得感恩是能够继续前进的无形助力。

7. 共同学习、总结经验对提高整体工作的重要性。

☆场地器材:

场地:组合训练架或专用训练架,天梯横木最好是抛光圆木,方木应做圆角,最下方横木可以由轮胎代替。

器材:不少于25米长、直径1.5厘米动力绳2~3条;60厘米扁带(绳套)6条,上保护点4条,下保护点2~3条;D型锁或O型锁4把,用于上保护点;主锁6把,8字环2~3把;坐式安全带4~6条,头盔4~6顶,毛巾一条或纸巾若干;队员下来后一般会汗流浃背,头盔带上也会有汗水,最好擦干后再给下一位队员使用。保护队员用的手套6副。

☆人员要求:

人数10人以上,最好不要超过16人。以14人完成6根横木为例。

☆项目时间:

项目完成时间:80~100分钟

项目布课时间:15分钟

项目挑战时间:30~40分钟

回顾总结时间:35~45分钟

☆项目概述:

垂直天梯也叫巨人梯,这是一个以2人或3人共同挑战和团队配合相结合的项目。项目具有一定的难度和心理冲击力,相对需要消耗较大体力。想要获得新高,就需要相互帮助,既要有甘为人梯的精神,也要做到吃水不忘挖井人。

☆项目布置:

1. 这个项目的名称叫做天梯(以两人结组为例),这是一个两人合作项目。

所有队员一起学习头盔、安全带和主锁的使用方法(同前面项目要求),经指导教师检查并连接主锁(最好两把,如果是一把,则必须锁门朝向队员),接受队训激励。

2. 两人一组,向上攀爬,两人共同站在第五根横木上,手抱第六根横木即宣告任务完成。

3. 在攀爬过程中,可以利用的只能是横木和两个人的身体(不得拖拽衣裤),不允许拉拽胸前保护绳及两边的钢缆。

4. 一同学习"五步收绳保护法"并由主保护演示。保护者适当收紧保护绳,最好不要提供拉力,帮助队友完成任务。

☆安全控制：

1.要求队员摘除身上所佩带的硬物。

2.指导教师亲自检查队员的安全带、头盔的穿戴情况，并亲自给队员摘挂铁锁，挂锁前应将保护绳的拧转去除。

3.发现队员拉拽胸前的保护绳及利用两端的钢缆（铁链），应立即制止。

4.指导教师在每位队员开始攀爬之前必须要求收紧保护绳，两名队员攀上第一根横木前，指导教师应站在攀爬队员身后，双手伸出，防止队员坠落到地面。地面上最好摆上一块厚度不小于30厘米的高密度大海绵垫。

5.队员意识到两个人应相互协助时，提醒队员使用合理的踩踏动作（如大腿或肩膀）。

6.队员攀爬由静态转入动态时，应将保护绳适当收紧。遇特殊情况时，指导教师可以适当示意拉紧或者帮助保护队员拉紧保护绳。

7.监控保护队员人数与保护动作，在项目进行过程中，不断强调安全事项。

☆项目分享：

1.对所有完成挑战任务的队员给予鼓励。

2.鼓励每一个队员都讲讲自己的感受并给予肯定，可以联系生活讲讲。

3.分组完成任务和搭档完成任务之间的关系，强调相互合作的重要性，有些时候是一个人无法完成的，要正视这种事实的存在。

4.前面队员总结的经验对于随后挑战的队员的价值与影响，对第一组队员的选择与他们的努力给予肯定。

5.两人向上的先后顺序与技巧、信心和鼓励对完成挑战的影响。

6.经过艰苦的努力登上高峰时的成就感。

7.保护人员的感受。

第二节　团队激励能力训练的知识拓展

打造团队的方式：

(1)有指导教师或教练点化

成功永远属于极少数的一部分人，不是努力了或挫折遇到多了就一定会成功。社会上有太多不得志的人也很努力，却机不逢时。

当事者迷，旁观者清。任何一个冠军都是有专业指导教师或教练，企业要想

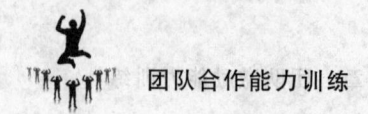

做大,同样也要有个具备一定思想高度的总裁,同时也要借助外界顾问公司的智慧,因为他们就是你所在企业的教练。

(2)选人比育人更重要

在培养人的前提下要更看重选拔人才,只有选对人了,再用心培育才会创造出更理想的效益。马就是马,牛就是牛,牛不管怎样训练始终是跑不过马的。很多团体之所以做得大,是因为有一群所向披靡的队员,有一个训练有素的团队。

(3)合理的团队组建

首先,团队成员也需要互补,包括能力的互补和性格的互补。如果团队成员都是一种性格,那犯起错误来就不可想象,因为没人会提醒和阻止。如果团队成员都很强势,那就会形成三国争霸,谁都不服谁,最后也只能不欢而散。团队中用人原则,用人所长,无不能用之人;用人所短,无可用之人。咱们来看一下唐僧的团队:孙悟空最有能力,所以打前锋;猪八戒脸皮厚、好色,所以牵马;沙僧老实本分,所以挑行李。他们这几个角色任意互换都不行。换猪八戒探路,即使不半路睡觉,那见到任何女妖怪也会认为是良民;让孙悟空去挑行李,那袈裟和通关文牒没准也会弄丢。所以企业中没有完美的个人,只有完美的团队。

其次,统一的价值观。

价值观不统一就不能充分发挥队员的潜能,队员们也是各怀心事,合作起来也是貌合神离,有劲不使或不往一处使。所以说,统一了队员的价值观就是疏通了团队的生命线。

第三,明确的战略和目标。

人不是因为辛苦而停止,而是因为盲目而放弃。人在看不到前方时是最可怕的。我们的队员清楚我们的战略和目标吗?我们团队的战略目标是否清晰明了?很多团队就是想法太多、口号漫天、朝令夕改、执行复杂,最后几乎忘记出发的目的。

第四,坚定的信念。

团队的信念贵在坚持、坚信。当团队成员盲目时,指导教师一定不能盲目。马云先生说过,今天很残酷,明天很残酷,后天很美好,可大多数人是死在了明天晚上。而我要说的是:只要方向正确就不怕路途艰难。

第五,选对伙伴成就梦。

在工作中我们可以不优秀,但一定要和优秀者合作,一定要争取靠近优秀者。当他成功了,我们至少也会有提升,也就是企业要找到千里马,坐在马上才能马到成功,水到渠成。

第七章　团队激励能力训练

第六,笑对任何困难。

各位一定还记得,唐僧取到真经后又落水的环节,为什么会落水,是因为还差一难,我们人生中不也是如此吗？每一次困难都是财富,每一次困难都为成功增进了一步,困难是成功的基石。有很多企业家说过,当困难积累到一定量时,你还能坚持,成功是必然的。所以我们要笑对困难,用乐观积极的态度面对所发生的事。

做任何事情都是：难在不动,慢在犹豫,停在情绪,断在沟通,苦在学习,累在能力,输在经验,败在放弃,成在坚持。

团队就是一个整体,所以对于高职队员来说,形成打造优秀的团队的观念是一个必修课程。

团队合作能力的训练,不仅要遵循高职教育的发展规律,还要符合专业需要、岗位需要。本课程坚持以就业为导向的教学理念,以培养队员职业意识、提高队员团队合作能力为目标,针对不同专业和岗位的需要不断完善教学内容。在继承和完善传统教学内容的基础上不断创新,设立职业能力拓展训练的新项目,实施和开展教学。本课程是在对企业行业人才需求充分调研的基础上,以职业岗位工作对员工职业素质的需求为着力点,以培养队员团队合作能力为任务驱动,以职业能力拓展项目为载体进行教学内容开发设计的。

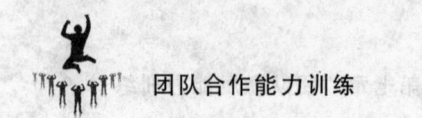

第八章 团队评价能力训练

第一节 经典项目

项目一:易行

☆项目性质:

团队合作评价能力项目。

☆项目目的:

1. 在指定的时间内走到所有易点,并按要求完成合影。
2. 进一步明确和认同组织目标,增强组织的凝聚力。
3. 树立互相配合、互相支持的团队精神和整体意识。
4. 改进组织内部的沟通与信息交流。
5. 改善人际关系,形成积极向上的组织氛围。
6. 充分认识团队合力将创造 1+1＞2 的绩效表现。

☆场地器材:

场地:10公里以内的徒步旅程。

器材:除了起点和终点外,沿路设立 3～5 个到达点(简称易点)。

☆**人员要求：**

4~6人为一小组，最好男女搭配。

☆**项目时间：**

项目完成时间：200分钟

项目布课时间：20分钟

项目挑战时间：140分钟

回顾总结时间：40分钟

☆**项目概况：**

在指定的时间内团队所有队员同时走到所有易点，并按要求完成合影，争取成为完成速度最快的团队。

☆**项目布置：**

1. 易行规则讲解和易点布置。

2. 到达易点，以每个小组成员全部到达每个易点并且留下合影照为准。

3. 沿路的易点到达顺序可以自行决定。

4. 在规定时间内到达即为合格。

5. 更强调协作，而不是单纯竞技。

6. 出发寻找易点，以小组走完全部易点并按规则完成合影返回结束。

☆**安全控制：**

1. 有心脏病、脑血管病、高血压及严重腰伤者不能参加。

2. 由于易行的路线较长，应注意路途的安全。

3. 队员之间难免有个体差异、速度不一致，应相互帮助配合，争取最短的时间内共同到达每个易点。

☆**项目分享：**

1. 不考虑名次，只要队员能完成任务，都应对其给予鼓励。

2. 每一位队员都讲讲共同努力拼搏的感受，对完成不够出色的队员给予更大的鼓励。

3. 你在团队中的个人速度是快是慢，你是怎样通过努力和大家的帮助将团体速度提高上去的？

4. 当你们团队共同完成任务时，你的第一感受是什么？

5. 分析团队的互相鼓励与互相帮助对集体完成挑战的影响。

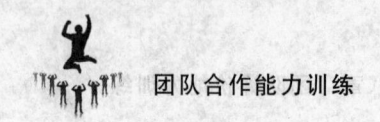

项目二:共建家园

☆项目性质:

团队合作评价能力项目。

☆项目目的:

1.帮助队员体会在团队工作中沟通的重要性。

2.加强队员对于团队合作精神的理解。

3.训练队员对于结构变动的适应能力。

4.增强个人的集体荣誉感。

5.增加团队成员的凝聚力。

6.培养队员科学的思维方式和对知识的运用能力。

☆场地器材:

场地:宽阔平坦的空地。

器材:3条绳子,分别长20米、18米、12米。

☆人员要求:

10人以上。

☆项目时间:

项目完成时间:40分钟

项目布课时间:5分钟

项目挑战时间:15分钟

回顾总结时间:15分钟

☆项目概述:

大家联合起来用绳子建立一个房子,并且一定要看上去比较漂亮。

☆项目布置:

1.指导老师将队员们分成3组,大约保证每组的人为5人左右。

2.发给第一小组一条20米的绳子,第二小组一条18米的绳子,第三小组一条12米的绳子。

3.用眼罩把所有人的眼睛蒙上,然后规定第一组圈出一个正方形,第二组围成一个三角形,第三组圈成一个圆形。

☆安全控制:

1.参与活动者准许用语言和肢体沟通。

2.指导老师随时观察活动者的状态,并进行安全引导。

3.防止参与队员的肢体碰撞,在人员密集且有危险动作时,指导教师应及时引导、疏散。

☆**项目分享:**

1.对第一个任务和第二个任务分别进行比较,哪一个任务较易完成,为什么?

2.在完成第二个阶段的任务时,大家遇到了什么困难?你们是如何解决的?

3.在每一个组完成自己的任务时,是相对比较容易的,但是当需要大家一块配合建成一间房子的时候,事情就变得复杂起来了。三角形和正方形如何配合,圆形放在什么部位都是问题,所以越是在这种时候越需要大家相互之间的配合,需要大家的团体合作精神。

4.要做好这个项目,首先要选定一个基准点和一个核心人员,要使大家都参照这一个坐标系行动,这样才便于指挥,也可以防止场面的混乱。

5."兄弟同心,其利断金",讲的就是大家一致对外、团结合作、终成正果的道理。小猪盖房子需要这样一种精神,在我们日常的工作和学习中亦应如此。

项目三:团队公式

☆**项目性质:**
团队合作评价能力项目。

☆**项目目的:**

1.训练队员进行有效的群体决策。

2.让队员体验到个体思维方式的差异如何影响我们的有效决策。

3.让队员体会群体决策中的有效冲突和无效冲突。

☆**场地器材:**

场地:一块平整的场地或大教室。

器材:每人一张任务书。

☆**人员要求:**

24人左右。

☆**项目时间:**

项目完成时间:70分钟

项目布课时间:10分钟

项目挑战时间:30分钟

回顾总结时间:30分钟

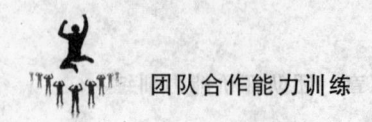

☆项目概述：
　　团队成员每人一份任务书，通过协作共同完成团队任务，考验团队的创新思维能力和协作沟通意识。

☆项目布置：
　　团队成员每人坐在一把椅子上，指导教师宣布："我们要进行的是一个团队项目，名称是组椅，现在每个人都坐在一把椅子上，在项目进行中，请大家保持哑人状态，不能用语言进行交流。我现在将给每人发一张任务书，大家在看任务书的时候，请注意保密，不得让别人看到你的任务书。看完后，请记住任务书的内容，然后把任务书再交还给我。"指导教师开始发任务书。

规则：
1.分小组，每组12人。每组将获得12张卡片，每人将拿到一张卡片。
2.卡片上会有一些信息，小组的任务就是在30分钟内利用卡片上提供的信息，共同完成一项任务——计算木头的体积（木头的形状附后）。

注意事项：
1.项目的答案有两个。
2.项目中设计的陷阱，看队员是如何处理的。

卡片1：
(1)你知道以下信息：木头的密度 $\rho=0.8$ 克/厘米；木头浮在水面的高度是1厘米。
(2)看完这些信息之后，要记住你所掌握的信息，并将卡片撕掉！
(3)和你们小组的人去讨论吧！

卡片2：
(1)你知道以下信息：计算体积的公式是 $v=m/\rho$；木头的形状是不规则的。
(2)看完这些信息之后，要记住你所掌握的信息，并将卡片撕掉！
(3)和你们小组的人去讨论吧！

卡片3：
(1)你知道以下信息：木头的质量是无法知道的；木头有9个面。
(2)看完这些信息之后，要记住你所掌握的信息，并将卡片撕掉！
(3)和你们小组的人去讨论吧！

卡片4：
(1)你知道以下信息：木头有三个面是一个正方形；木头有10个面。
(2)看完这些信息之后，要记住你所掌握的信息，并将卡片撕掉！

(3)和你们小组的人去讨论吧!

卡片5:

(1)你知道以下信息:木头的所有边的长度只有两个尺寸,木头有10个面。

(2)看完这些信息之后,要记住你所掌握的信息,并将卡片撕掉!

(3)和你们小组的人去讨论吧!

卡片6:

(1)你知道以下信息:木头的边长一个是10厘米,一个是5厘米;木头在水下的高度是9厘米。

(2)看完这些信息之后,要记住你所掌握的信息,并将卡片撕掉!

(3)和你们小组的人去讨论吧!

卡片7:

(1)你知道以下信息:木头有3个面是这样的。

(2)看完这些信息之后,要记住你所掌握的信息,并将卡片撕掉!

(3)和你们小组的人去讨论吧!

卡片8:

(1)你知道以下信息:你们小组队员提供的信息不一定是有用的哦!木头不是个圆的。

(2)看完这些信息之后,要记住你所掌握的信息,并将卡片撕掉!

(3)和你们小组的人去讨论吧!

卡片9:

(1)你知道以下信息:你不知道任何信息!你是一个观察员,你的身份要保密,别人不可以知道你的身份。你要仔细观察你的团队最大的障碍在哪里?

(2)看完这些信息之后,要记住你所掌握的信息,并将卡片撕掉!

(3)和你们小组的人去讨论吧!

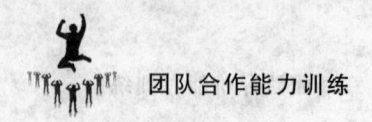

卡片 10：

(1)你知道以下信息：你是最重要的人！虽然你不知道答案，但你知道凭你的经验，你知道卡片 4 所有信息都是绝对正确的。

(2)看完这些信息之后，要记住你所掌握的信息，并将卡片撕掉！

(3)和你们小组的人去讨论吧！

卡片 11：

(1)你知道以下信息：计算木头的体积，也许一个小学生都会。

(2)看完这些信息之后，要记住你所掌握的信息，并将卡片撕掉！

(3)和你们小组的人去讨论吧！

卡片 12：

(1)你知道以下信息：计算木头的体积，起码要一个中学生才可以算出来。

(2)看完这些信息之后，要记住你所掌握的信息，并将卡片撕掉！

(3)和你们小组的人去讨论吧！

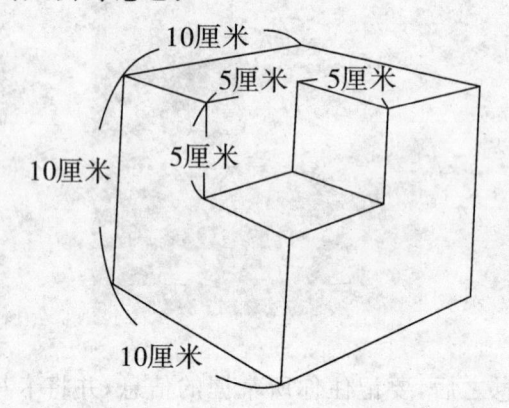

指导教师必读：

看到上面的图，你可能会觉得很奇怪，这只有一个答案嘛！不就是一个边长10厘米的正方体在一个角上被挖去了一个边长为5厘米的正方体，答案就是875立方厘米，而且只有9个面！

其实，这幅图是一个视觉谬误图，还有一种情景也隐藏在这幅图中：你再仔细看看——假想一个边长为5厘米的正方体斜插在一个边长为10厘米的正方体的一个角，它形成的一个物体也是这样一个形状，这样的话就有10个面了，体积是大于1000立方厘米的！看出来了吗？队员的冲突、矛盾、意见不统一的问题都在这里体现出来了……

☆安全控制：

1.注意队员保持哑人状态，遇到队员语言交流，应及时制止。

2. 注意应保持位置不动的队员,一旦移动,必须及时提醒。
3. 在队员移动椅子过程中,注意不要撞到其他队员。
4. 避免队员因争抢椅子而产生的直接冲突。

☆项目分享:
1. 小组发生分歧时怎么办?是如何解决问题的?
2. 在遇到困难的时候有没有放弃第二个答案的打算?
3. 持有不同卡片信息的人,在我们的组织当中会是什么样的一群人?
4. 群体决策有分工吗?
5. 观察员在当中有没有去认真观察?

第二节 团队评价能力训练的知识拓展

高职院校团队合作能力训练内容的针对性与适用性。

1. 内容的针对性

(1)针对高职院校的培养目标

2005年,温家宝在全国职业教育工作会议的讲话中指出:"我国职业教育的根本任务,就是要培养适应现代化建设需要的高技能人才和高素质劳动者。"因此,高等职业院校不仅要培养队员实际性的外显工作能力,更要重视培养队员潜在的内隐职业发展能力。本课程以培养队员团队合作能力为主线,着眼于对队员的人生教育,着力于搭建队员职业发展的平台,努力纠正过分强调知识技术教育的传统教学理念,整个课程设计既能帮助队员提升团队建设与培养的能力,为今后的职业发展奠定了基础,又使队员一生的职业发展有明确的方向感和归属感,与高职教育培养目标相吻合。

(2)针对队员职业素质提升的长远发展

本课程既强调职业在人生发展中的重要地位,更关注队员的全面发展和终身发展,旨在帮助队员理性地规划未来,树立提升职业素质的意识,以此指导队员转变思维方式,建立共同协作的意识,最终实现自身可持续发展。

(3)针对目前行业企业对人才的需求

20世纪70年代,丰田公司开始把团队合作引入管理,并取得了巨大的成功。诺基亚、通用电气、惠普、波音、摩托罗拉、可口可乐等许多知名企业都特别强调团队合作精神。当前,越来越多的企业在招聘人才时把团队合作作为一项重要的考察指标。因此，本课程针对当前企业对人才团队合作能力的需求，通过8个目标环节循序渐进地提升队员的各项能力，最终实现全面提高队员团队合作能力的目标。在每个教学模块通过知识指导、案例分析引入相应的拓展活动。使队员在活动中学习理论，在分析中把握方法，在拓展中提高能力，在体验的同时形成团队意识，提升团队凝聚力和战斗力。

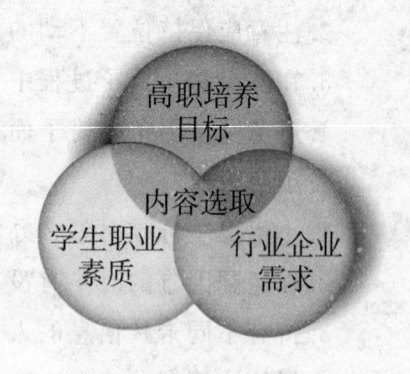

图1 内容的选取

2. 教学内容的适用性

本课程的教学内容依据各行业团队在工作中可能遇到的常见问题，设计了团队认知、团队融入、团队沟通、团队培育、团队领导、团队意识、团队激励、团队评价等八个学习情境，引入相应的素质拓展活动，全面提升队员的团队合作能力。课程内容以校本教材《团队合作能力训练》为主要依据，立足专业人才培养模式，发挥"双师"型教学团队师资力量，利用学校得天独厚的教学环境、优越的教学条件、完善的拓展基地，以促进队员职业素质养成、提升团队合作能力为目标组织实施课堂教学和能力拓展。课程内容既有针对性，又有广泛性；既有针对某专业特殊需求的内容设计，又有适应学院所有专业队员的普及内容设计。课程教学效果明显，受到很多校内外专家、企事业单位的一致好评，具有很高的推广价值。

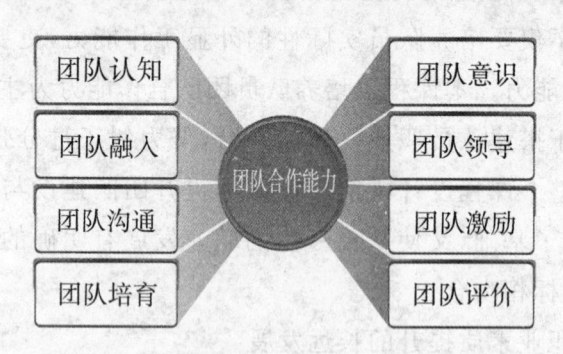

图2 团队合作的八大学习情境

第九章　团队合作能力训练必备的常识要求

第一节　团队合作的六原则

1. 平等友善

与队友相处的第一步便是平等。不管你是资深的老队员,还是新进的队员,都需要丢掉不平等的关系,无论是心存自大或心存自卑都是同事相处的大忌。队员之间相处具有相近性、长期性、固定性,彼此都有较全面深刻的了解。要特别注意的是,真诚相待才可以赢得队友的信任。信任是连接同事间友谊的纽带,真诚是队员间相处共事的基础。即使你各方面都很优秀,即使你认为自己以一个人的力量就能解决眼前的工作,也不要显得太张扬。要知道还有以后,以后你并不一定能完成一切,还是平等友善地对待对方吧。

2. 善于交流

同在一个地方学习工作,你与同学之间会存在某些差异,知识、能力、经历造成你们在对待和处理学习工作时,会产生不同的想法。交流是协调的开始,把自己的想法说出来,听对方的想法,你要经常说这样一句话:"你看这事该怎么办,我想听听你的看法。"

3. 谦虚谨慎

法国哲学家罗西法古曾说过:"如果你要得到仇人,就表现得比你的仇人优越;如果你要得到朋友,就要让你的朋友表现得比你优越。"当我们让朋友表现得比我们还优越时,他们就会有一种被肯定的感觉;但是当我们表现得比他们还优越时,他们就会产生一种自卑感,甚至对我们产生敌视情绪。因为谁都在自觉不自觉地强烈维护着自己的形象和尊严。

所以,对自己要轻描淡写,要学会谦虚谨慎,只有这样,我们才会永远受到别人的欢迎。为此,卡耐基曾有过一番妙论:"你有什么可以值得炫耀的吗?你知道是什么原因使你成为白痴吗?其实不是什么了不起的东西,只不过是你甲状腺中的碘而已,价值并不高,才五分钱。如果别人割开你颈部的甲状腺,取出一点点的

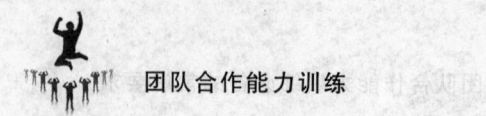

碘,你就可能变成一个白痴了。在药房中,五分钱就可以买到这些碘,这就是使你没有住在疯人院的东西——价值五分钱的东西,有什么好谈的呢?"

4. 化解矛盾

一般而言,与同学有点小想法、小摩擦、小隔阂,是很正常的事。但千万不要把这种"小不快"演变成"大对立",甚至成为敌对关系。对别人的行动和成就表示真正的关心,是一种表达尊重与欣赏的方式,也是化敌为友的纽带。

5. 接受批评

从批评中寻找积极成分。如果同学对你的错误大加抨击,即使带有强烈的感情色彩,也不要与之争论不休,而是从积极方面来理解他的抨击。这样,不但对你改正错误有帮助,也避免了争吵场面的出现。

6. 创造能力

一加一大于二,但你应该让它大得更多。培养自己的创造能力,不要安于现状,试着发掘自己的潜力。一个有不凡表现的人,除了能保持与人合作以外,还需要所有人乐意与你合作。

总之,作为一名队员,应该以你的思想感情、学识修养、道德品质、处世态度、举止风度,做到坦诚而不轻率、谨慎而不拘泥、活泼而不轻浮、豪爽而不粗俗,一定可以和其他队员相处融洽,提高自己团队作战的能力。

承担责任看似简单,但实施起来则很困难。教会领导如何就损害团队的行为批评自己的伙伴是一件不容易的事情。但是,如果有清晰的团队目标,有损这些目标的行为就能够轻易地纠正。

团队合作并非是难以理解的理念,但当所涉及的人是具有坚强意志、自身已经成功的领导时,它就极其难以实现。团队合作并非不值得经历这些艰辛,但其回报鲜见且又代价高昂。如果领导没有勇气强迫团队成员去实现团队合作所需的条件,还不如彻底远离这个理念。不过,这又需要另一种勇气——不要团队的勇气。

第二节　训练的安全原则

拓展训练的安全要求是拓展训练发展的基石和命脉,保证队员的安全在最初的意识层面就必须严肃对待,正确地对待安全与风险的关系,遵守既定的安全指导方针和安全原则。

安全对拓展训练不仅意味着完善的体系、严密的制度,它更是我们思想意识的一部分,将融入到参加拓展训练者的日常生活习惯中。安全与不安全之间没有过渡,它们之间往往只有一步之遥。富有经验的教师只有严格地依照安全程序指导、监控活动的全过程,才能确保在拓展训练中实施100%的安全保障这一安全指导方针。

拓展训练因其选择场地、器械的特殊性,活动内容的未知性以及特有的心理挑战等,决定了其具有一定的风险性。如何获得最大的安全保障,如何让参训人员在身体及心理上获得安全保障,是拓展训练课程更好地发展甚至进入学校教学课程中至关重要的一环。

为了消除隐患,降低风险,以下拓展训练的安全原则需要严格遵守。

1. 双重保护原则

课程设计时有需要安全保护的训练项目,都必须进行双重保护演练,其中任意一种保护方法都足以保证队员在实施过程中的安全。

2. 器械备份原则

任何需要器械保护之处,都必须安置备份器械。

3. 多次复查原则

所有的安全保护器械均应合理使用,完成后必须再复查一遍,操作中部分保护要多次检查,消除操作失误的可能性。

4. 全程监督原则

拓展教师对项目进行中可能遇到的安全问题进行全程监护,将任何隐患消除在萌芽中。

只有在活动过程中认真讲解、规范操作,将安全问题很好地落到实处,才能使我们享受拓展训练带给我们的快乐与收获。

第三节 对训练成员的要求

1. 纪律要求与奖惩

纪律是拓展训练活动中所必需的,尤其在团队训练的项目中,纪律已经不仅仅是完成任务的基本保障,更是团队精神的最直接体现。

(1)以正确的态度对待上课,这是保证我们正常上课的先决条件。

(2)各队队长有义务与责任保证每节课上课前全体同学准时来到集合地点。

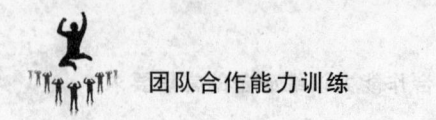

(3)如果有人迟到,则全体必须等待,除非请假并得到认可。

(4)如无特殊情况而出现迟到、早退等情况,需在其归队后,全队接受"惩罚"。

2.生活安全与环境保护的行为要求与管理

安全要求是拓展训练的重点要求,有时安全问题往往是由生活中的习惯引起的,因此,在参加拓展训练期间,对生活习惯会有严格的要求。

(1)项目活动前不得饮酒

因为拓展训练会有部分离空或有一定风险性的项目,项目本身就能够让人激动、恐惧、心跳加快以及可能出现小的眩晕等。如果饮酒将会加重这些表现,还可能会增加心脑血管压力,甚至会影响判断力、反应力以及分析能力和抵御风险的能力,这些都有可能造成危险情况的出现。

(2)项目活动期间严禁吸烟与用火

所有用于保护的保护绳与安全带都是由极易燃烧的材料制成的,也许当时只是在火星下受点"轻伤",但是,这将给以后的使用者埋下隐患。正是每一次严格的要求,才能保证使用的器械是安全的。因此,这是拓展活动中极其严格的一项要求。

(3)保护环境,严禁乱扔乱放废弃物;不得破坏场地周边的花草树木,下课后有协助指导教师整理场地的义务。

3.训练期间的行为要求与管理

训练过程中,在拓展教师的讲解、示范、要求与保护下,能够让每一个人得到更好的安全保障,但是如果我们不能接受或不能很好地贯彻要求,可能会出现一些不良结果。

(1)在完成项目期间,尽量避免不合时宜的玩笑、嬉闹,有时候这将是出现危险的讯号。

(2)所有器械与高空器具未经指导不得擅自使用。

(3)在项目进行中,拓展教师一旦要求某种行为或不可以继续时须即可停止。

4.活动结束后的行为要求与管理

拓展训练是在充满激情、充分展现自我与努力融入团队的状态下去完成项目挑战。每个人在不同项目的认知与完成能力上有很大的差距,我们在训练时本着求同存异的心态认同他人,本着助人助己的精神帮助队友。即便如此,我们仍然会遇到一些意想不到的情况。

有人在高空项目中很快就完成,而有人却或胆怯、或夸下海口之后许久不能成功,也许在颤抖中前进,也许会哭着央求放弃,这些一定会给大家留下极深刻的印象。如果我们课后提及此事，把它当谈资、当笑柄，那就违背了拓展训练的初衷，至少是对自己同学的不负责任。

有些项目对于我们来说，结果是未知的。在我们完成挑战时，也许会有截然不同的意见与观点出现，而这正是我们获得良好决策的基础，切不可把它当作是一种"作对"，那样就没有理解拓展训练的精神。

对于部分项目，我们学习的重点在于活动中的关键部分只是理念的突破，对于教师要求不可将活动中解决问题的技巧告诉他人，我们有保密的责任和义务，否则以后的同学参加同样的活动将失去新奇感和价值。

第四节　团队合作能力的等级评定

团队合作能力等级一

1. 尊重其他团队成员，努力使自己融入团队之中。
2. 将个人努力与实现团队目标结合起来，完成自己在团队中的任务，以实际工作支持团队的决定，成为可靠的团队成员。
3. 为完成工作和团队成员进行非正式的讨论，在团队决策时提出自己的建议及理由，尊重、认同上级认为是重要的事情并执行其相关决策。
4. 作为团队一员，随时告知其他成员有关团队活动、个人行动和重要的事件，共享有关的信息。
5. 认识到团队成员的不同特点，并且把它作为可以接触、学习知识与获取信息的机会。

团队合作能力等级二

1. 根据工作需要组建小型团队，营造开放、包容和互相支持的气氛，加强集体向心力。
2. 为团队成员示范所期望的行为，并采用各种方式来提高团队的士气和改进团队的工作效率。确保团队任务的及时完成。
3. 明确有碍于达成团队目标的因素，并试图排除这些障碍。
4. 鼓励团队成员参加团队讨论与团队决定，倡导团队内部的沟通和合作，以推进团队目标设定与问题的解决。
5. 指导其他成员的工作，对其他团队成员的能力和贡献抱着积极的态度，用积极的口吻评价团队成员。

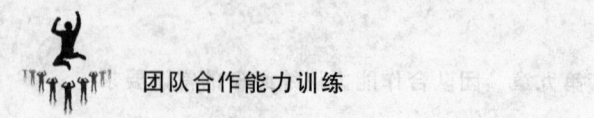

6. 能够利用正式或非正式的沟通渠道及现有的信息系统在团队内部进行知识和信息的交流与共享。

团队合作能力等级三

1. 根据组织的战略目标来确定团队建设的目标、规模及责任,在全体团队成员中促成理解、达成共识,并得以贯彻实施。

2. 确保团队的需要得到满足,为团队争取所需要的各种资源,如人力、物力、财力或有关信息等。

3. 确保团队成员之间能力和知识的互补,在分配团队任务的时候,既照顾到员工的发展,又能实现团队的目标。

4. 化解团队中的冲突,维护和加强团队的名誉。

5. 通过团队内有效合作及适当的竞争提高团队的整体绩效。

团队合作能力等级四

1. 具有个人魅力和领导气质,能够指出组织或团队的发展方向和目标,使团队成员充满工作激情,愿意为团队目标的实现竭尽全力。

2. 对团队成员有全面的认识,有效地应用群体运作机制,从而引导一个群体实现团队目标。

3. 有目的地创建互相依赖的团体合作精神,在团队间合理有效地调配资源,加强不同目标和背景的团队之间的配合,以促成组织整体业务目标的实现。

4. 采取行动,在组织中营造精诚合作与公平竞争的氛围。

5. 通过各种手段,如设计团队标志等,塑造健康优秀的团队形象,使组织或团队能被外界或有关组织认同和推崇。

图书在版编目(CIP)数据

团队合作能力训练/《团队合作能力训练》编委会
编.—北京:中国书籍出版社,2014.3
ISBN 978-7-5068-4049-1

Ⅰ.①团… Ⅱ.①团… Ⅲ.①组织管理学-高等职业教育-教材 Ⅳ.①C936

中国版本图书馆 CIP 数据核字(2014)第 029811 号

团队合作能力训练

本书编委会 编

责任编辑	王延滨
责任印制	孙马飞 张智勇
封面设计	刘晶鑫
出版发行	中国书籍出版社
地　　址	北京市丰台区三路居路 97 号(邮编:100073)
电　　话	(010)52257143(总编室)　　(010)52257153(发行部)
电子邮箱	chinabp@ vip.sina.com
经　　销	全国新华书店
印　　刷	青岛新华印刷有限公司
开　　本	787 毫米×1092 毫米　1/16
字　　数	118 千字
印　　张	7.5
版　　次	2014 年 4 月第 1 版　2014 年 4 月第 1 次印刷
书　　号	ISBN 978-7-5068-4049-1
定　　价	18.00 元

版权所有　翻印必究